IL DUCA D'ALBA

AN OPERA IN FOUR ACTS

VOCAL SCORE

K 09859

AI MAESTRI

BAZZINI, DOMINICETI, PONCHIELLI

Milano, 22 Dicembre 1881.

Apponendo i vostri nomi, così cari all'Arte, in fronte all'ultimo Canto del Cigno di Bergamo, adempio ad un sacro dovere, giacchè il vostro autorevole e spassionato giudizio Vi ha conferito su queste pagine il titolo di una seconda e non meno legittima paternità.

Abbiatevi però i miei più vivi ringraziamenti per avermi concesso di fregiare dei vostri nomi quest'opera postuma dell'autore della Favorita, *la quale, mi giova sperare, aggiungerà un'altra fronda alla corona di gloria dell'immortale maestro.*

Vostra ammiratrice ed amica

Giovannina Lucca.

IL DUCA D'ALBA

OPERA IN QUATTRO ATTI

PAROLE DI

EUGENIO SCRIBE

MUSICA DEL MAESTRO

GAETANO DONIZETTI

Versione Ritmica di A. ZANARDINI

PERSONAGGI

Il Duca d'Alba, governatore dei Paesi Bassi, in nome di Filippo III . . . . . Sig.r

Sandoval, capitano spagnuolo Sig.r

Carlo, altro uffiziale . . . Sig.r

Un Taverniere . . . . . Sig.r

Marcello di Bruges, - giovane fiammingo . . . . . Sig.r

Daniele, birrajo . . . . . Sig.r

Amelia d'Egmont . . . . Sig.a

Coro di Soldati - Spagnuoli - Fiamminghi

— *L'Azione si svolge: nei tre primi Atti e nel primo Quadro del quarto a Brusselle.* —

Nell'ultimo quadro nel porto d'Anversa, sulla Schelda. — Epoca 1573.

ATTO PRIMO.

Scena Prima.

cena rappresenta la piazza del palazzo comunale a Brusselle, in un orno di Kermessa. — Nel fondo, il palazzo, cui si accede da una breve adinata. — Nel mezzo della piazza, una colonna. — A diritta, verso il oscenio, la fabbrica di birra di Daniele. — A sinistra, verso la prima inta, l'ingresso della caserma degli archibugieri.

alzarsi della tela, la Kermessa è animatissima. Nel fondo, popolani e polane intrecciano le danze nazionali. Quadro di festa fiamminga. A dritta a sinistra alcuni Borghesi di Brusselle, seduti ad ampie tavole, con andi coppe di birra davanti.

la caserma, a sinistra, escono **Sandoval, Carlo** e parecchi Soldati spagnuoli.

Sandoval ed i Soldati

O Spagna, o suol natio, io brindo a te!
La gloria ti è compagna,
Guida, la santa fè!
Viva la Spagna,
Evviva il Re!

(Le danze cessano. Sandoval e i suoi soldati si accostano alla tavola di sinistra. Sandoval dà di piglio ad un bicchiere che era stato ricolmo da un borghigiano e lo beve. — I soldati fanno altrettanto, scacciando i Fiamminghi ed occupando i loro posti.)

Carlo

Del luppolo che mussa e che scintilla,
La dolce ambrosia, o fiammingo, a noi dà!
A noi pertien, poi che l'asta qui brilla
Della Castiglia ed a temer non ha!

Sandoval

Nostr'armi conquistâr - tra battaglie e tempeste
Un nuovo mondo e a noi legâr sua fè!
E il sol giammai de' caldi rai si sveste
Là dove impera delle Spagne il Re!

Sandoval ed i Soldati

O Spagna, o suol natal, io brindo a te!
La gloria ti è compagna,
Guida, la santa fè!
Viva la Spagna,
Evviva il Re!

I Fiamminghi
(sottovoce)

Sia Spagna maledetta ed il suo Re!
Ovunque il terror l'accompagna,
Rischiaran i roghi sua fè!
Morte alla Spagna,
Morte al suo Re!

Sandoval

Fè d'idalgo, signori, - non si bee che a Brusselle
Tal cervogia, che val - il miglior Setubal!
Tavernier fortunato - vuoi dir dove la pigli?

Il Taverniere
(levandosi il berretto in atto rispettoso)

L'ho da mastro Daniel - un birraio model,
Che dimora laggiù. -
(additando la fabbrica di birra)

Sandoval
(a Carlo)

Che ne sai sul suo conto?

Carlo

Un fiammingo di sangue - un devoto ai Nassau,
Che, a' lor armi fedel, - trama un nuovo tranel!
Dal fiero suo parlar - sempre erompe l'affronto
Per noi, pel Duca d'Alba - e con baldo sermon
Ardì commiserar - il fu conte d'Egmont!

Sandoval

E il nostro condottiero - ad un ribel rubesto
Volle i giorni sparmiar? - Male oprò!

Alcuni Ufficiali
(additando i bicchieri ricolmi)

Bene ei fè!
Chè dei nettari è il re! -

Il Taverniere
(sottovoce a Sandoval)

A noi, mirate! ei vien
Le man conserte al sen...

Scena Seconda

I precedenti e **Daniele**, che esce dalla birreria, a diritta. Lo precedono alcuni giovani birrai, che spingono innanzi delle carriuole con orciuoli di birra.

Sandoval

Ed al varco io l'arresto.
(accennando Daniele ad alcuni de' suoi)

Da voi tradotto sia - al posto più vicino
Presso gli archibugieri! -
Orsù! chè più si tarda? Inteso avete?

Daniele

Con gran piacer!
(accostandosi a Sandoval)
Sei scudi d'ôr!

Sandoval
(sghignazzando)

Davver?

Daniele
(con bonarietà)

Lo scotto è assai modesto... -

Sandoval

La celia è assai scipita!

Daniele
(come sopra)

E il suo prezzo...

Sandoval
(con alterigia)

Il suo prezzo? e da qual dì
Taluno ardì far pagar lo Spagnuolo
Il ben di cui dispone?
Chè tutto gli appartien - terre, beni e persone
Non tenete ad onor - o vil gente fiamminga,
La sete di calmar del vincitor?

Daniele
(con impeto d'ira)

Dei predon!

Gli Spagnuoli
(alzandosi)

Lo freddiam!

Sandoval
(trattenendoli)

No - no, davver!
(accennando ad Amelia che esce dalla birreria)
Or, chi è mai questa bella,
Che vedesi apparir? Se è figlia sua,
Perdonato sia pur, ma sol per ella!

Scena Terza

I precedenti, **Amelia**, in abito nero, esce lentamente dalla fabbrica a destra. Si avanza meditabonda e senza curarsi di quanti la circondano.

Sandoval
(a Daniele)

Qual ha nome? e perchè - quella veste feral?

Daniele
(con accento cupo)

Veste il bruno del duol. -

Sandoval

E per chi?

Daniele

Per suo padre
Che assassinato fu!

Sandoval
(con accento di commiserazione)

Ahi! sventurata!
E da quando qui sta? -

Daniele

Sol dalla notte andata!

Sandoval

»E ospitarla puoi tu?

Daniele
(vivamente)

»Troppo felice
»Io son d' offrirle amico asilo.

Sandoval

»Agnato
»A lei non sei?

Daniele

»Lo sono. È mia pupilla.
»De' suoi congiunti almen servii fedele
»La causa e spenderei vita e fortuna
»Per essa!

Sandoval

»A lei fornir puoi una dote
»Assai pingue, che può d'uno Spagnuolo
»Tentare il cor!
(movendo verso Carlo)
»Noi ne riparleremo!

Daniele
(fra sè)

»È troppa audacia!

Amelia
(…uale non ha presa alcuna parte ai loro discorsi, volgendosi a bassa voce …Daniele)

È dunque quì, Daniel?

Daniele
(come sopra, additando la colonna)

Sì, sì, su questa piazza... Ivi, tra il folle
Tumultuar d'indifferenti plebi
Ne vidi rotolar la nobil testa.

Amelia
(cadendo in ginocchio presso alla colonna)

Ah! padre mio,
Io ti vendicherò! Lo giuro a Dio!
(si ode nelle strade vicine uno strepito di tamburi e di grida:)
All'armi! Il Duca d'Alba!

Carlo
(guardando dalla strada a sinistra)

Sì, ne veggo la scorta.

Sandoval
(sorridendo)

Egli al palazzo
Si reca di città per un novello
Balzello che alle Fiandre unite chiede
E che pagar sapran - qual nobile mercede
Che in dritto a noi rivien...

Carlo

Un grand'uomo!

Sandoval

Un eroe!

Carlo

Un amico dei prodi! -

Sandoval
(sorridendo)

Delle imposte il signor!
(…gendosi e scorgendo Amelia, la quale è sempre in ginocchio presso alla …lonna)
…l Duca d'Alba hai tu - a chieder grazia alcuna?
…he, dove ei passi appena, - cadi prona al suo piè?

Amelia
(alzandosi vivamente)

Io prostrarmi?
(sottovoce a Daniele)
Dinanzi - a chi il padre m'ha spento?

Daniele
(come sopra)

Frenar ti dèi, poichè, sol ch'egli appaia
Il tiranno esecrato, ognun vedrai
A trasalir, chè questa plebe vile
Crede ch'abbia a ferir sol collo sguardo!

Scena Quarta

I precedenti. - Il **Duca d'Alba**, che in lettiga chiusa si reca al palazzo di città, preceduto e seguito da Albanesi, Archibugieri e Guardie vallone. - I Magistrati e notabili della città vengono appresso, a piedi.

(Carlo ed i suoi soldati, usciti dalla caserma, si mettono in ordine di battaglia e presentano le armi. I tamburi rullano, le bandiere si abbassano al passaggio della lettiga che sale lentamente i gradini del palazzo di città. Sandoval va sulle traccie del Duca.)

Coro di Spagnuoli

Onor a lui, che ogni eroica parola
Col suo valor è avvezzo a superar!
Nobil campion della gloria spagnuola,
L'aste anzi a lui si debbono curvar!

Coro di popolo
(sottovoce e parlando gli uni cogli altri)

Mira là l'uom che desola
E le terre e i casolar!
In sua man l'asta spagnuola
Il sangue nostro a flotti fa versar!

(I soldati spagnuoli guardano biecamente i popolani e gridano ad alta voce)

Onor! Onor! al nostro condottier!

(Sandoval e gli uffiziali hanno raggiunto il corteggio. Non rimangono in iscena che D. Carlo ed alcuni soldati. Costui si accosta ad Amelia che è rimasta sola e meditabonda in un angolo della scena, a dritta)

Carlo
(ad Amelia)

Perchè tra questa turba - che manda il gran saluto,
Gli sguardi tuoi son chini - e il labro tuo sta muto?
Grida con noi: Viva il governator!
(Amelia lo guarda con disprezzo e non gli risponde)

Daniele
(avanzandosi)

Dritto n'hai tu?

Carlo

Tu dèi - mastro gentil, tacer!
Vo' che meco ella gridi: - Viva il governator!
E vo' di più che intuoni - qualche canto spagnuolo!

Daniele
(mettendo mano al pugnale)

Ti scosta! o di mia man - pel suo Dio! quì t'immolo!

Amelia
(piano a Daniele, trattenendolo)

Folle sei! vedi ben - che costui non è in sè!

(In questo frattempo alcuni soldati hanno portato una gran tavola in mezzo della scena. Essi siedono per bere)

Carlo
(percuotendo la tavola)

Su! la canzon spagnuola,
Che inneggia al Duca d'Alba!

Amelia
(mal frenando un impeto di sdegno)

Ah! non la so cantar!

Carlo
(sedendo e versandosi da bere)

Ebbene! canta allor quel che ti par!

Daniele

Vitupero! Abbominio! Ah! per costoro
Nulla di sacro v'ha!

Amelia
(guardandoli e fissando Daniele con forza)

Sia pur! io canterò!

(gli Spagnuoli stanno seduti intono alla gran tavola recata da essi nel mezzo. Dietro a loro il popolo in giro)

Amelia
(avanzandosi)

In seno ai mar, preda all'atra tempesta,
Al nobile vascel - più speranza non resta!
Dei venti al sibilar - e tra i furor del mar
Il grido a te non vien del marinar?
Dio tutelar,
Deh! calma alfine
Il tuo furor!
Pietoso ascolto
Porgi al pregar
De' figli tuoi,
Iddio Signor!
E Dio dicea ne' suoi responsi allora:
Dee l'uom ripor sua fè - sol nella mia pietà?
Salvezza ognun dal ciel implora
Ed in sua mano ei l'ha!
Coll'audacia l'uom risponda,
Ed, i nembi a dominar,
Tutti l'opra insiem confonda!
Chè il periglio appressa... è là!...
Ah! sì - prode e vigil ciurma,
Non ti dèi disanimar!
Sol che ti voglia salva - Iddio ti salverà!

(guardando il popolo che la circonda)

A qual fin smarrir la spene?
Manca il sangue a' nostre vene?
O, colpiti di stupor,
Vi fa pallidi il terror?
La morte vien e vi coglie in sopor!
Sorgiam! sorgiam! tra le fiere tempeste
Che minaccian dal ciel le vostre teste!
Si desti ognun! sì, tutti insiem sorgiam!

Il Popolo

Quale ardir! qual linguaggio!
Il suo dir il coraggio
In noi rinascer fa!
Vendichiam tanto oltraggio,
Cessi il vile servaggio!
Vogliam salvarci e Dio ci salverà!

Gli Spagnuoli

Per quanto sia peccato,
Del canto innamorato
Che l'ugola ci dà,
L'umor è a me più grato
Che vellica il palato
E inebriato m'ha!

Il popolo
(a bassa voce, a Daniele)

La fanciulla fiera e bella
La conosci? chi è mai ella?

Daniele
(come sopra)

È la figlia d'Egmont.

I Fiamminghi
(fra di loro, con segni di riverenza)

Figlia d'Egmont!

(facendosi intorno ad Amelia)

Del padre tuo c'ispira
Omai la nobil ira!
Le Fiandre insorgeran
E ti vendicheran.

Amelia
(come ispirata)

Ah! più non v'ha periglio...
Rinascon spemi in cor...
Ei vien... ei vien! d'Olanda il bel naviglio
Ne ho scôrti i tre color!

I Fiamminghi

Corriam! in nostra man brilli l'acciar!
I nembi dominar
Saprem, la patria a libertà tornar!

Amelia
(con forza, fissando gli spagnuoli)

Intesa m'hanno i fieri marinar
E la speme nei cor torna a brillar!

(I Fiamminghi esaltati stanno per iscagliarsi contro gli Spagnuoli. Ad un tra[tto] sul peristilio del palazzo di città comparisce un uomo vestito di nero, s[olo] e senza guardie)

Tutti
(sbigottiti)

Il Duca d'Alba!

(Poco a poco, i Fiamminghi si diradano e si accostano alle loro case, lascia[ndo] spopolato il centro della piazza. Il Duca scende lentamente e tranquil[la]mente la grande scalea. I soldati si alzano. Daniele ed Amelia rimang[ono] soli verso il proscenio.)

(Ad un gesto del Duca, la piazza si sgombra; restano in iscena soltant[o il] Duca, Daniele ed Amelia.)

Scena Quinta.

Amelia, Daniele e il Duca d'Alba.

Tutti

Oh terror!

Amelia
(a parte)

Che vedo io mai?
Sol ch'egli appaia, incôlti gli ha il terror!

Il Duca

Popol fiacco, vil, abbietto,
Che trasali al mio cospetto,
Un mio cenno, un sol mio detto
È voler per te del ciel!
Nei folli ardimenti
Non un fra lor genti
Sarà che s'attenti
Quel giogo spezzar!
Li tengo, li afferro, li stringo in mia man!
Resistere è van!

Amelia

Cupo orror mi stringe il petto
Nel sentirmi al suo cospetto...
È il tiranno, il vil reietto
Dalla terra e insiem dal ciel!
Padre! o padre! chi raffrena
Dell'ambascia in me la piena?
Fu colui, fu il maledetto
Che ti schiuse il freddo avel!

Daniele

Del tiranno vil, abbietto
Truce e pallido è l'aspetto...
Strazia ed agita il mio petto
Ansia orribile, crudel!
O mio nobile signore,
Di quel barbaro il furore
Ti squarciò col ferro il core,
Ti dischiuse il freddo avel!

Scena Sesta.

I precedenti, e **Marcello.**

(Marcello, giungendo dal fondo, non s'avvede della presenza del Duca e accorre verso Daniele ed Amelia)

Marcello

Amelia!

Amelia

Oh ciel! Marcel!

Daniele

Sogno non è?

Marcello

Non è! da Bruge io giungo
E accorsi quì... libero son...

Daniele

Che parli!

Marcello

I giudici, cui fa - tremar la tirannia,
Infidi ai riti lor - rei non ci proclamâr...

Daniele

Vero saria?

Marcello

D'assolverci hanno osato!
Nè temon lo scoppiar - dell'atro nembo irato.

Il Duca

Del Duca è d'uopo allor - ammirar la clemenza...

Marcello

Se fiacchezza non fosse - il braccio suo talor
Dal versar sangue uman stanco riposa...
Per meglio poi ferir!

Amelia
(con terrore)

Taci!

Marcello

E perchè
Con voi, miei fidi, tacerei, se noto
V'è qual odio costui nel cor mi desti?

Il Duca

Odio hai detto? perchè, se nol conosci?

Marcello

E d'uopo qual ne avrei? del popol mio
Flagello, ei tutto rovesciar costuma...
Tra stragi e fra tempeste ei sol patiboli
Seppe tra noi rizzar!

Amelia

Imprudente!

Marcello

In che mai? Se in questa terra
Resta un felice, a me lo dee segnar!

Il Duca
(tranquillamente)

Tu lo vedrai! raffrena il cieco ardor!

Marcello

E dove?

Il Duca

A te dinanzi!

Marcello

Il Duca!... oh ciel!

Amelia

Mi sembra di morir!...

Il Duca

Chè non rispondi?

Marcello

Nol poss'io!... sono inerme...

Il Duca
(a Sandoval che esce dalla caserma con alcuni soldati)

Ognun disgombri!

(ad Amelia e Daniele)

Voi pur!... (a Marcello) Tu sol rimani!

(Daniele ed Amelia entrano in casa. Marcello ed il Duca restano in iscena. Nel fondo Sandoval e i soldati, coll'archibugio in ispalla, attendono gli ordini del loro capo)

Scena Settima

Il **Duca, Marcello, Sandoval,** e i Soldati nel fondo.

Il Duca

Nome qual hai?

Marcello

Marcel. -

Il Duca

Non più?

Marcello

Marcel di Bruge
Bruge, di cui gli spaldi - mi offrirono rifugio.

Il Duca

E tuo padre?

Marcello

Di lui - alcun non mi parlò!
Pur dal nostro bel suol, a quanto io so
Dal crudele invasor
Finì bandito i suoi miseri giorni.

Il Duca

E tua madre... rispondi! -

Marcello

Ahi! me la tolse il cielo!
Corre un anno in tal dì ch'ella moria...
Ma saprò ritrovarti, o madre mia!

Il Duca

Pure... pria di morir
Alle mani d'Egmont - non t'ebbe un dì fidato?

Marcello

Sì - a quel nobile Egmont - quell'eroe...

Il Duca

Quel ribelle.

Marcello

Sul sentier dell'onor - io fui da lui guidato
A' fini suoi fedel - mi fia sacro modello
Se non la vita, la sua morte almen!
Tutto or sai! l'ira tua mi squarci il sen!

Il Duca

Dei baldi ardimenti
Mi abbaglia l'ardor!
Dispregia i tormenti
Il fiero suo cor!
La patria sol vede,
Securo di sè,
La nobil sua fede
Non cerca mercè!

Marcello

Un vil io non sono...
Ben so che il tuo cor
Ignora il perdono,
Nè provo terror.
Salir vo' da forte
Il palco fatal...
È bella la morte
Pel suolo natal!

Il Duca

Disfidato m'hai tu...
Ma punirti non so... pietà m'ispiri!...

Marcello

Tu compiangermi?

Il Duca

Io stesso! al tuo compiango
Giovane error, e grato
M'è di segnar all'aquila impaziente
Per nuovo vol un ignorato ciel!
Di lauri cingerai,
T'affida in me, le tue robuste anella!
È la gloria!...

Marcello

La gloria? Ov'è mai ella?

Il Duca

Là dove duce io sto.
Al fianco mio tra i prodi miei ti voglio.
E avrai da me perdono!

Marcello

Io servir l'oppressor? sì vil non sono.

Il Duca

Dei folli ardimenti
Mi abbaglia l'ardor!
Dispregia i tormenti
Il fiero suo cor!
Disdegna il perdono,
Non vuole mercè!
Il reo quasi io sono,
Mio giudice egli è!

Marcello

Sì vile io non sono,
Non voglio mercè!
Abborro il perdono
Che viene da te!
Salir vo' da forte
Il palco fatal...
È bella la morte
Pel suolo natal!

Sandoval
(avanzandosi)

Più a lungo a che soffrir il basso oltraggio?
Cader ei de'!...

Il Duca

No! libero lo voglio!
Nè chiedo in cambio a te,
Fiero garzon, riconoscente affetto!...
Sol, pel tuo ben, ascolta un motto ancor!

(additando l'abitazione di Daniele)

Vedi quella magion? colà non dèi
Inoltrar il tuo piede...

Marcello

E perchè mai?

Il Duca

Nol dèi, nol dèi! paventa
Pel tuo core un ardor folle, insensato
Che perderti potrà. Fuggi colei!
Te lo impongo... lo vo'...

Marcello

Qual dritto hai tu?

Il Duca

Lo vo'!

Marcello

Nol soffro! i miei palpiti ardenti
Uman poter interrogar non può!

Di me stesso io son signore,
Altra legge a me non do.
Seguo i voti del mio core,
Il terror che sia non so!

Il Duca

Di perdono torna degno,
Obbedir tu devi a me!
Fuggi il lampo del mio sdegno,
O Marcello, o guai a te!

(Marcello si avvia verso la casa di Daniele)

Frenar saprò la temeraria voglia!...
Di quell'ostel non dèi varcar la soglia!...
Tel vieta il Duca d'Alba!

(Marcello, giunto presso alla porta, ne fa cader il martello.)

Ah! guai a te!

ATTO SECONDO.

Scena Prima.

...scena rappresenta la birreria di Daniele. A diritta, tini, lambicchi e for-...lli. A sinistra, tavole, sedie e l'uscio della stanza di Amelia. Nel fondo porta di strada. Gran finestra con invetriate gotiche.

...'alzarsi della tela, tutti gli operai, addetti alla fabbrica sono in ...oto. Un gruppo, a sinistra, guarda con disprezzo l'affaccendarsi ...aio e spensierato dei compagni. **Daniele** va su e giù, in-...igila e dirige i lavori.

Coro
(di operai che stanno lavorando)

All'opera! il lavoro
Fa solo il viver gaio...
Ognun ripeta in coro
Il canto del birrajo!
Liquor, che inganna,
Del vin l'ebbrezza
Pien di tristezza
Ci lascia il cor!
I sensi affanna
E d'ogni lite
È della vite
Causa l'umor!
Viva la birra!
Tetri pensieri
Ne' suoi bicchieri
Nascer non pon!
Somiglia a mirra,
Nè mai consuma
La dolce spuma
La tua ragion!

Daniele
(contemplando gli operai al lavoro)

Colà ferve l'opra e il canto,
Un pensier non li travaglia...
Nulla a far c'è con costor!
...'artigian mi ci vuol - silente e pensator!

(movendo verso coloro che non lavorano)

...on si lavora più? -

Gli Operai

A qual fin, se un padrone
A grado suo dispone
D'ogni bene fra noi?

Daniele

Sperar convien!

Gli Operai

A che sperar? speme non v'ha!...

Daniele

V'ha forse!
Si speri ognor!

(più piano)

Ad altri ancor la rea catena è grave!

Gli Operai

Che attendon più?

Daniele

Che dei nobili cor
Faccian lega con lor...

Gli Operai

Noi la faremo!

Daniele

Sta ben! sin d'ora io conto su di voi...
Ma sino al dì della vendetta...

Gli Operai

Or ben?

Daniele

Ci vuol prudenza... alcun non v'oda! all'opra
Ai canti lor vi dovete associar!

(Gli operai passano a diritta e prendono parte ai lavori ed ai canti dei loro compagni)

Liquor divin - nettar gioioso,
A quanti siam - deh! versa in cor
La voluttà - che dà il riposo
E mai non sa - che sia dolor!

Liquor, che inganna,
Del vin l'ebbrezza
Pien di tristezza
Ci lascia il cor!
I sensi affanna
E d'ogni lite
È della vite
Causa l'umor!
Viva la birra!
Tetri pensieri
Ne' suoi bicchieri
Nascer non pon!
Somiglia a mirra,
Nè mai consuma
La dolce spuma
La tua ragion!

(Verso la fine del coro, la scena si oscura. – Alcuni operai hanno accese lampade e torcie. – Si odono rulli lontani di tamburi.)

Daniele
(agli operai)

Ma rintocca la squilla il coprifoco
Ed al riposo invita,
Addio fratelli! a doman la ripresa!

Gli Operai

Addio, maestro! il lavoro a diman!

(Escono. Comparisce Amelia alla porta di sinistra che apre a metà.)

Scena Seconda

Amelia e **Daniele.**

Amelia
(piano a Daniele)

Sei tu solo?

Daniele

Lo son. Or qual secreto
Terror lo spirto t'agita?

Amelia

Perduti
Siam noi... Marcel...

Daniele

Ebben! Favella!

Amelia

Tratto
Venne in arresto...

Daniele

Ciel!

Amelia

N'ebbi la triste
Novella or or...

Daniele

Nobil cor che la morte
Venti volte sfidò!

Amelia

Raccogli i tuoi,
Di' lor ch'egli è prigion, che pe' suoi giorni
Io tremo... ahi se concesso
Non c'è salvarlo, perirem con esso!

(Daniele esce)

Scena Terza

Amelia sola.

Marcel, t'ho letto in cor il dolce arcano...
Nè un accento, un sospir giammai tradiva
Il tuo voto gentil. Eppur tu m'ami!
Che dissi io mai? perchè,
Nel pronunziar quel nome,
Ogni mia fibra trasalisce in me!

Ombra paterna, a me perdona
Se nuovo affanno ange il mio cor...
Se ha un'altra spina la mia corona,
Se invoca il cielo novel dolor!
Deh! grazia, o padre! è puro, è santo
L'ardor che affanna il mio sospir...
Ei fa che sgorghi sì amaro il pianto...
Grazia per esso! sta per morir!

Ma no!... ma no!... troppo è grande l'affanno
Nè tu puoi tal mercede a me negar!
Padre! Marcel abborre il tuo tiranno
E la tua fin giurò di vendicar!
Quando per noi, del culto tuo devoto,
Affronta, ahi lasso! l'ultimo martir,
Non è fallir alzar al cielo un voto...
Padre, preghiam... poi ch'ei sta per morir!

(cade in ginocchio)

Scena Quarta

Daniele ed **Amelia**, più tardi **Marcello.**

Amelia

Che? di già qui sei tu?

Daniele
(entrando con precauzione e con voce bassa)

Non ti tradisca
Un motto, non ti sfugga un sol sospir!
Io furtivo incedea
Allor che a me vicin, senza rumor,
Un'ombra guizza, un prode, a cui propizio
Il ciel concesse disertar, in mezzo
A foco micidial, la rea prigione!

Amelia

Un prode? Ebben?

Daniele

Fra le mie braccia ei cade
Creduto ho di sognar nel ravvisarlo...

Amelia

Non m'ingannar!... quest'uom?

Daniele

È presso a te

(Marcello comparisce avvolto in un gran mantello)

Amelia

Oh ciel!

Marcello

Amelia!

Amelia

Esaudita mi hai tu,
Ombra santa paterna!

Daniele

Ah! non si faccia
Rumor! Non gli odi tu? stan per venir!

Daniele e Marcello

Gli archibugier van sulla traccia...
Quell'orda rea mi/ti dà la caccia...

Marcello ed Amelia

Dio di bontà - di noi pietà!
Scomparsi son nell'ombra già!

Amelia

(a Marcello)

Per noi, incauto, esporti? -

Marcello

Sai qual mi diè prigion?
Parmi ancor di sognar - la stessa sua magion!
Tra l'ombre della notte - di là potei fuggir...

Amelia

Oh ciel!

Marcello

Vigile scolta - vegliando nel di fuor
A caso esplose l'arma - de' miei passi al rumor...
Ma il ciel mi proteggea - ei fè più!... tra le mura
Dell'esecrato ostel - un segreto ho scoverto
Che al gran fin può giovar.

(a Daniele)

Indugiar più non devi - ai fidi nostri va
E li raccogli quà!

(Daniele esce)

Scena Quinta.

Amelia e Marcello.

Amelia

Qual dar potrei compenso,
Marcello, al tuo valor?

Marcello

Un sol, sublime, immenso,
Che è d'ogni ben maggior!

Amelia

Perchè mi guardi e tremi?
Qual chiedi a me mercè?

Marcello

Dei palpiti supremi
Offrir l'omaggio a te!

Amelia

Che intendo!

Marcello

È arcan fatale
Un blasfema che in sen - cercai di seppellir;
Ma pria che spunti il dì, col mio pugnale.
Il tiran nel colpir - la man mi può fallir!
Ed il misero sa che avrà un sospir
Di perdono, allorchè sta per morir!

Ah! sì, l'ardente affanno
Celar potea sin or,
Che a te fa sì gran danno
E che mi strazia il cor!
Amore, amor, sublime,
Paradisial sospir,
Ch'ogni fallir redime
E sol può Iddio punir!

Amelia

Anch'io pietade eguale
Portai sepolta in cor,
Ambascia celestiale,
Che mi mettea terror!
Ma scompare ogni tema
Ove appressa il martir...
In sua pietà suprema
Dio non ci può punir!

Marcello

Ma volgi gli occhi altrove - udendo i miei deliri...
Deh! un raggio di pietà - dal guardo tuo traspiri!
Amelia mia, t'adoro - e non chiedo a' tuoi piè
Che il dritto di pugnar - o di morir per te!

Amelia

Sventurata, proscritta - me sfuggiva ogni gente,
E paurosa ritorceva il piè.
Tu sol, Marcel, fosti meco clemente,
Tu solo osasti dir: - t'affida o donna, in me!

Ed or che tra brev'ora - ci avrà l'avel sepolti,
A tanta tua pietà - ingrata resterò?
No! - dell'alto del ciel - donde vedi ed ascolti,
O padre mio, d'Egmont - da te perdono avrò!

Marcello

Un delirio non è? - O mia nobil Signora,
Io che grado non ho - ned ho fortuna ancora...
Soldato venturier - chè sacrarti potrei
Di più dei giorni miei?

Amelia

Vendica il padre mio! se lo farai
Marcel, sarai per me
Più grande in terra e nobil più d'un re!

Marcello

O della patria - martire santo,
Dal ciel consola - il nostro pianto,
Non mi fallisca - il tuo favor!
Tutto si prostri - al braccio mio,
Combatterò - davanti a Dio
Vendetta a trar - del genitor!

Amelia

O della patria - martire santo,
Abbi pietà - del nostro schianto...
Ah sì, dal ciel - soccorri a me!
Fa il braccio suo - tranquillo e forte,
Perigli affronti, - affronti morte,
Nè manchi mai - la tua mercè!

(Daniele ei i congiurati compariscono nel fondo)

Scena Sesta.

Amelia, Marcello, Daniele. Coro di operai e di borghesi nel fondo.

Marcello

Ma giunti son...

(a Daniele)

Non uno - mancava al santo appello?

Daniele

Non un! onore a tanto zel!

Marcello

Non si faccia rumor...
Chiudansi i vani e si spengan le faci!
Nulla scopra al tiranno
Che i fieri Belgi congiurando stanno!

(I congiurati si avanzano lentamente)

Coro
(sottovoce)

È spenta omai l'estrema face,
Nè giunge a te, se tutto tace,
Che il sospir del dolor!
Se libertà ci aduna insieme,
Onta a colui che trema e geme,
Davanti all'oppressor!
Sacro un giuro or quì ci serra,
A salvar la patria terra,
Tutti giuriam di vincere, o morir!

(Alcuni operai hanno disposte delle sedie in semicerchio. - Tutti si assidono)

Marcello

Orsù! - l'ora d'oprar - per così nobil fine,
L'ora della vendetta - per noi suonata è alfine!
Questa notte (io lo so - l'ho potuto veder)
Nel suo regale ostel - offre il Duca una festa,
Nulla ei teme e, tra i gai - tintinnar dei bicchier,
Al mio pugnale ultor - espon l'odiata testa.
Scoverto ho nei giardini - un passaggio segreto,
Che, dove ferve il ballo, - può guidar i miei passi.
Moviamo e il vil suo cor - man fiamminga trapassi!

Tutti

Ma chi lo colpirà? -

Marcello

Io! ne segnai la sorte,
Nè braccio uman può sottrarlo alla morte!

(piano ad Amelia)

Poi chè detto tu l'hai: Vendica il padre
E diverrai per me
Più grande in terra e più nobil d'un Re!

(a voce alta)

Moviamo! e il nuovo dì - trovi spento il tirann

Tutti

Moviamo! al fianco tuo tutti qui stanno!
Ma dell'armi! dell'armi!

Daniele
(additando parecchi tini a diritta)

A voi ne do!

Marcello

Ve le prodiga il ciel
Sol per colpirne l'oppressor crudel!

Tutti

Dell'armi! ah sì, dell'armi,
Non più codardi allarmi!
Noi lo giuriamo: Vincere o morir!
Non un sospiri, o gema
È vil colui che trema
Se l'ispano oppressor sta per colpir!
O Libertà, gran Diva,
La fede in te nel tuo popolo avviva,
Fa trionfar
Il nostro acciar!
A pugnar ci affrettiam, nè ci dorrem,
Se duopo fia perirvi tutti insiem!

(picchiano alla porta)

Tutti

Ciel!

Daniele
(sottovoce)

Silenzio!

(a voce alta)

Chi può
Di notte a me venir?

Coro di Soldati
(al di fuori)

Veniam da parte
Del Duca d'Alba ed in nome del Re!

Tutti
(sottovoce)

Gran Dio!

Daniele

Ma solo io son...

Sandoval

Apri! che importa!
Apri, o farem la porta
In ischegge volar! -

I Soldati
(dal di fuori)

S'apra! in nome del Re!

Daniele
(sottovoce ai congiurati)

Nulla è perduto ancor! - niuno il terror discopra
Sien le faci riaccese! All'opra! all'opra!
E del birraio insiem - s'intuoni la canzon!

(Le armi vengono nascoste nei tini. - Si riaccendono le lampade. I congiu rati danno di piglio agli utensili del mestiere. Daniele va ad aprire)

Scena Settima

I precedenti, **Sandoval**, Soldati.

Coro dei Congiurati

Liquor, che inganna,
Del vin l' ebbrezza
Pien di tristezza
Ci lascia il cor!
I sensi affanna
E d' ogni lite
È della vite
Causa l' umor!
Viva la birra!
Tetri pensieri
Dai suoi bicchieri
Nascer non pon!
Somiglia a mirra,
Nè mai consuma
La dolce spuma
La tua ragion!

(rante il coro, Sandoval ed i suoi soldati sono entrati; altri soldati custodiscono la parte esterna della birreria, Sandoval esamina ogni cosa)

Sandoval
(con ironia)

Mastro Daniele è solo in sua dimora?

Daniele

Ho meco gli operai... -

Sandoval

Qui che fanno in quest' ora?

Daniele

D' uopo è pur travagliar - i balzelli a saldar!

Sandoval

Travagliar? o tramar - qualche novella impresa?
(scorgendo Amelia)
Ah! la pupilla è qui! - sta mal! l'affar s'abbuja...
(scorgendo alcuni operai che tirano una carretta)
Che vegg' io?... Si diria - ve ne scampi il Signor,
Che sien scabini al posto d' operai...
Doghe codeste man - non han toccate mai!
Magra n'avrai mercè - ma a qual ambrosia intorno
(additando Marcello)
S' affacenda colà - quel bruno giovincel?
(prendendo un bicchiere che sta sulla tavola)
Si mesca!
(ele prende un vaso di stagno e si avvia per ispillare a destra verso il proscenio)
No!
(cando la botte dove stanno nascoste le armi, segnata con una croce rossa)
Ne vo' di quell' orciuol!

Daniele
(esitando)

Perchè?

Sandoval
(con ironia)

Non è il miglior forse del giorno?
(additando la croce rossa)
C' è il segno!
(a' suoi soldati)
Lo si sfondi!

(I soldati sfondano la botte. – Le armi si rovesciano a terra.)

Sandoval ed i Soldati

Avvinta sia quest' orda rea,
Che trama vile ordir potea!
Or l' atra scure abbatterà
Quei che invocâr la libertà!

Amelia, Marcello, Daniele e i Congiurati

Non abbiam che un sol signore
Quel che legge a noi nel core,
E perdona in sua pietà
A lui che muore per la libertà!

Marcello
(ad Amelia)

Sì! sfidiam chi non dà giammai perdono!

Sandoval
(ai soldati)

Sien tratti fuor!

Marcello

Moviamo insiem verso il palco feral!

Sandoval
(a Marcello)

Tu rimani!

Marcello

E perchè? Complice loro
Io sono e vo' seguirne - il destino fatal!

Sandoval

Il Duca non lo vuol! -

Marcello

Ah! in sue tiranne voglie
A qual novel martir - or m' intende serbar?

Sandoval

Sei libero! il tiranno - i tuoi dì vuol salvar!

Marcello

Che ascolto! oh stupore!
Si spezza il mio core...
A me mette orrore
L' infame mercè!
Lor complice io sono,
Disprezzo il perdono,
Che move dal trono,
Che un vil fa di me!

Amelia, Daniele e i Congiurati

Oh cielo! oh stupore!
Per qual nuovo errore
Il vil oppressore
Or salvo lo fè!
Qual fato propizio
Lo strappa al supplizio?
È nuova, inattesa
Cotanta mercè!

Sandoval ed i Soldati

L' ardita sorpresa,
La nobile impresa
Men bella vien resa
Da questa mercè!

Marcello
(con impeto)

Grazia non vo' da chi salvo mi rende!

Sandoval
(freddamente)

Lo impone il Duca, il vuol! -

Marcello

Poi che libero sono,
Discendo insino a te,
E ti chiedo ragione - d' un perdon che m' offende!
O nobile Spagnuolo, imposto a te
Ha pur d' essere un vile?

Sandoval

A tanto oltraggio avria
Risposto il ferro mio...
Ma tu puoi, nobil Belga, - insultar senza tema
Tu, poichè di ferir mi si vietò!

Amelia, Daniele e i Congiurati

Incerto il mio core
Invade il terrore...
Qual perfido errore
Or salvo lo fè!
Qual fato propizio
Gli ottenne mercè?
Chi al nostro supplizio
Strappar lo potè?

Marcello

Oh infamia! oh stupore!
Si spezza il mio core...
A me mette orrore
L' orrenda mercè!
Lor complice io sono,
Abborro il perdono,
Che move dal trono,
Che un vil fa di me!

Sandoval ed i Soldati

Moviam! li aduni insieme
Un' espiazion fatale!
Le scellerate scale
Or salga il malfattor!

I Congiurati

Un fato sol ci aduni,
E il cielo in sua pietà,
Trovar ci faccia insieme
O morte, o libertà!

ATTO TERZO.

Scena Prima.

Una sala del palazzo di città a Brusselle, chiusa da larghe porte e da invetriate. Quelle a diritta danno sulla piazza. Quelle del fondo immettono ad altre sale maggiori, colle quali sono messe in comunicazione, quando si aprono le invetriate del fondo.

Il **Duca d' Alba.**

(Entra solo, meditabondo. Percorre la scena per alcuni istanti in silenzio, poi si arresta)

Il Duca

Ah sì! colpevol fui! - e colpevol per essa
A un padre, ad uno sposo
Io la rapiva un dì - di me sdegnante e fiera!!
Ah! l' ardor giovanil - un orgoglio fatale
Potean giustificar il mio delitto!
Ma essa?... un Duca d'Alba abbandonar!
E per più di tre lustri a me la vista
E l' amplesso rubar del figlio mio!
Ispirargli l' orror del padre suo...
È il suo del mio fallir assai maggiore.
E, non è guari ancor, - che al suo letto di morte

(traendo uno scritto dal seno)

Un nuovo e fiero insulto - avverso a me scagliò!
»Tu, per cui nulla è sacro - se la fatal tua scure
»Scontra Marcel di Bruge - onor del patrio suol,
»Risparmia il capo suo - è quel del tuo figliuol!

(fermandosi, intenerito)

Mio figlio!

Nei miei superbi gaudi,
Tra i conquistati allôr,
Trovavan plausi e laudi
D' amor deserto il cor!
Ma nel mio sen rinato
Non regna il vuoto più...
Chè dir ad uom m' è dato:
Il figlio mio sei tu!
»Pur se il mio nome - il mio diletto
»Avesse un giorno - a maledir!...
»Ah! no - non dee - quel giovin pett
»Rubar l' ebbrezza - a' miei sospir!
»Un solo deve, - un puro affetto
»I nostri cor - per sempre unir!

Scena Seconda

Il **Duca, Carlo,** Uffiziali e Soldati.

Il Duca

Qual v' ha rumor?

Carlo
(presentandogli un piego)

Brillante stuol d' armati
Che precedono illustre ambasciator!

Il Duca
(che ha letto i dispacci)

.h! de' miei voti alfin ebber pietà.
(volgendosi verso gli uffiziali)

Medina mi succede e Re Filippo
Me sulle rive lusitane invia
Un nuovo regno a conquistar! rifulge
n ciel la stella mia!
Mi arridon vittorie
Più nobili e pure,
Dell' orrida scure
Ad altri l'onor!
Di fiere battaglie
Tra i fumi, tra i lampi
Più nobile spada
Impugna il valor!

Scena Terza

Il **Duca**, **Sandoval**.

Il Duca

Or ben, noti a te sono i lor disegni?

Sandoval

»Penetrar sino a voi, colpirvi...

Il Duca
(alzando le spalle)

»Mé?
»Dei borghesi? Una femmina! Insensati!»
E Marcel?

Sandoval

La congiura ei capitana...

Il Duca

A me sia tratto... E i complici?

Sandoval

Proferta
È la sentenza!

Il Duca
(firmandola)

Entro un'ora... al supplizio!
Venga Marcel... ci lascia!...
(Sandoval esce)

Ahi! qual mi turba nuova e cruda ambascia!

Scena Quarta

Il **Duca**, **Marcello**.

Il Duca

Sei dunque tu, di cui la mano rea
Nell'ombra, a quanto so - squarciarmi volle il sen?

Marcello

A liberar le Fiandre - solo il mio braccio aspira
E l'oppressor ne sei. -

Il Duca

La mente tua delira.
Giammai tramonta il sol - dove Filippo è re
E vulnerar le Spagne - presumi, o folle, in me?
Puoi ferir! - l'ira vil - de' tuoi complici io sfido.

Marcello

Dannazion!

Il Duca

Torna in te! - spesso l'impeto è infido...
Se del flammingo in petto - palpita un nobil cor,
Vediam qual serbi sorte - al tuo benefattor!

Marcello
(a parte)

Ne volea sfidar lo sdegno
Ed irriderne il dolor...
E il mio cor, al suo contegno,
Tutto invade ignoto orror!

Il Duca

Se a' detti miei tu porgi ascolto,
Arcano un suon non parla a te?
La lagrima riga il mio volto
Ed osi negarmi mercè!

Marcello
(a parte)

Trasalir io mi sento - vacilla ogni mia fè!

Il Duca

Non è un suddito rubello
Che al tiranno innanzi sta,
Gli è un amico, gli è un fratello,
Che vuol sol da te pietà!

Marcello
(a parte)

Cielo! ahi! più del suo rigore
Temo omai la sua pietà!

Il Duca

Or ben.. poichè divinar non ti giova
Questa imagine almen sacra per te
Il dubbio omai rimova!
(gli fa vedere un medaglione)

Marcello

Mia madre!

Il Duca
(dandogli uno scritto)

Ed or... leggi...

Marcello

Gran Dio!
Illusïon non è!

Il Duca
(fissando Marcello con tenerezza)

Ahi! quale ebbrezza! - il nuovo affetto
Che il sen m'innonda - prepara a me!
Quello che scorre - dentro al suo petto
È sangue mio, - mio figlio egli è!

Marcello

Ahi! m'ha la folgore - del ciel percosso,
Tremo d'affanno - gelo d'orror...

Il Duca

A te quel nome - dare non posso
Quel che beato - sogna il mio cor!

Marcello
(a parte)

Amelia mia! t'ha il ciel a me rapita!

Il Duca

Il nome mio portar ti mette orror?
Tu sai pur chi io mi sia!

Marcello
(come sopra)

Mio solo amor!

Il Duca

Grande, sublime - tu trovi un nome,
Cinger di lauri - potrai le chiome...

Marcello

Nome fatale - gelo d'orror!

Il Duca

Tutto vo' darti - quanto tu brami,
Sol che una volta - padre mi chiami,
Sol che le braccia - mi cinga al sen!

Marcello

Ah! quel nome ignorato ch'io porto
M'è del vostro men duro a portar!

Il Duca

Pur ne' due mondi, il sai,
Del padre tuo la gloria - il nome irradiò!

Marcello

Ch'egli è un tiranno io so!

Il Duca

Qual v'ha maggior dolore
Qual più delusa speme?
Io trovo e perdo insieme
Il figlio del mio cor!

Marcello

Oh barbara mia sorte!
Di questa orribil vita
Non è la stessa morte
Che un male assai minor!

Il Duca

Oh fato spietato!
Terribil condanna!
Impreca il mio nato
Al suo genitor!

Marcello

Qual lotta fatale
Combatte il mio core!
Il dubbio m'assale,
Mi affanna il terror!
Abborra, o perdoni,
Infame son io...
Assistimi, o Dio,
Mi guida, o Signor!

Il nome ch'offri a me,
Eredità di pianto,
Rendermi può quell'angelo che adoro?
Più patria a me non resta - più fratelli non ho.
Mi scaccieran, sclamando: - Costui... suo figlio egli è

Il Duca

No - resta al fianco mio -

Marcello

Di qua degg'io sgombrar

Il Duca

Ah! la mia prece, il pianto mio
L'orgoglio tuo non san placar!
Negar mi puoi di padre il nome?
Non altro, ahi lasso! io chiedo a te!

Marcello

Vorrei poterlo dir. Ahimè! nol posso...

Il Duca

Chi può vietarlo a te?

Marcello

L'immagin della patria che la tua
Mano straziò... la tua vittima è dessa...

Il Duca

E l'osi dir?

Marcello

Tu n'hai trafitto il seno...
E, ov'io la man ti stenda,
Un parricida io son!

(si strappa dalle braccia del Duca d'Alba in atto di fuggire. Si arresta, udendo dal di fuori dei canti lugubri)

Coro interno

De profundis clamavi
Ad te, Domine!

Marcello

Che mai ascolto e quai funeree voci
Son giunte insino a me?
Si direbbe dal sen delle tenèbre
Un grido udir di pianto e di terror!

Scena Quinta

Marcello, il **Duca d'Alba**, **Sandoval**, con parecchi Uffiziali.

Sandoval
(avanzandosi rispettosamente verso il Duca)

Duca, che far si de'?

Il Duca

Stien gli Albanesi
Le micce accese, là, sulla gran piazza
E, se un murmure scoppi, una minaccia...
Mi comprendi?

Sandoval

Il faran!

(Sandoval va a trasmettere i suoi ordini agli Uffiziali, i quali escono; poi ritorna a fianco del Duca)

Marcello
(al Duca)

Laggiù, che accade?

Il Duca
(freddamente)

Riguarda! puoi veder da quel verone
La piazza di Brusselle!

Marcello
(andando ad aprire la finestra)

Oh visïon fatal! - chi quel palco rizzò?
Quei miseri chi son che là da lungi
Vedo apparir?

Il Duca
(freddamente)

Cospirator!

Marcello
(con un grido)

I miei
Fidi essi son! Amelia! Amelia! Oh ciel!
(al Duca)
Che far ti attenti?

Il Duca

Il mio dover - severo
Inflessibil dover! Il mio quell'è
Di servir il mio Re!
Il tuo d'odiar il genitor...

Marcello

Mercè
Di lor, pietà di me! sospeso
Sia il cruento supplizio!

Il Duca

E dritto hai tu
Per costor di pregar, tu... tu, com'essi
Colpevole? di grazia puoi parlar?
Nulla io devo al lor complice,
Tutto potrei ad un figlio accordar,
Ov'ei lo chieda, ov'ei padre mi chiami!

Marcello

Ciel! che di' tu?

Il Duca

Quella gente che implora
Chiede invano mercè! Sol che mi chiami
Padre e l'avranno, sì, l'avran per te!

Sandoval
(traguardando dal verone)

Ecco! appressan di già!

Coro
(dalla piazza)

De profundis clamavi
Ad te, Domine...

Marcello
(con disperazione)

Amelia! o fidi miei!

Il Duca

Tu non hai che un accento a proferir
E grazia avran per te!

Marcello

Pietà di me!
Oh sorte ria! - fatal martoro!
V'ha strazio uman - del mio maggior?
Veder spirar - l'angiol che adoro,
O rinunziar - a tanto amor!

Il Duca

O Dio, che acceso - hai tanto affetto,
Pietà concedi - al mio dolor!
Deh! tocca il core - al mio diletto,
Un figlio rendi - al genitor!

Sandoval

E quei che d'Alba - il nome porta
Potria placar - il suo rigor?
Sul palco vil - sia tutta morta
La turba rea - dei traditor!
(traguardando di nuovo dal verone)
Essi avanzan... di quì la giovinetta
Scorgo...

Marcello

Oh terror!

Sandoval
(continuando a guardare)

Con piè fermo le scale
Salir del palco...

Marcello

Oh ciel!

Sandoval

E sale e sale...

Marcello

Quale orror!

Il Duca
(a Marcello)

Lo dirai?

Sandoval

Fiammeggia il ferro...

Marcello
(precipitandosi ai piedi del Duca e stringendogli la mano)

Padre! padre! pietà!

(Il Duca fa un gesto a Sandoval, il quale lo trasmette ai soldati che sono sulla piazza)

Il Duca

Niun più trovi la morte e qui sien tratti!

Marcello

Oh sorte ria - fatal martoro!
V'ha strazio uman - del mio maggior!
Veder spirar - colei che adoro,
O rinunziare - a tanto amor!

Il Duca

O Dio che acceso - hai tanto affetto,
Mercè accordasti - al mio dolor!
Fu tocco il cor - del mio diletto,
Hai reso un figlio - al genitor!

Sandoval

Ahi! l'uom che d'Alba - il nome porta
Potea placar - il suo rigor?
Tutta cader - doveva morta
La turba rea - dei traditor!

Scena Sesta.

I precedenti. Le porte del fondo si aprono e compariscono **Amelia**, **Daniele** e tutti i Congiurati, Popolo e Soldati.

(Il Duca e Marcello rimangono a sinistra, Amelia, Daniele e Sandoval, a dritta)

Marcello
(vedendo comparire Amelia e tenendosi in disparte)

Di resistere ahimè! - più forza omai non ho!

Il Duca
(ad Amelia)

Tu, che, senza tremar, - fissasti l'empia scure,
O fanciulla, perchè - vuoi tu miei dì troncar?

Amelia

Figlia son io d'Egmont - e vendicava il padre!

Il Duca
(con emozione)

Che? fu pel padre tuo?... Andar ne deve
L'ombra di lui sublimemente altera,
Se tanto seppe a te, donna, ispirar!

(sottovoce a Marcello)

Morir costei sapea pel genitor...
Viver pel tuo non sai, crudele, ancor!

(a voce alta, ad Amelia)

E, se pietà - di tanto errore
Or mi traesse - a perdonar?

Amelia

No! tu nol dèi per te...

Il Duca

Per me?

Amelia

Non farlo!
Non farlo! il braccio disarmar non puoi
Di mia vendetta! L'odio mio mi resta,
L'odio che nulla vuol da te!

Il Duca

Tu nulla
Devi alla mia clemenza. A te non viene
La tua grazia da me; ma da taluno
Che mi uguaglia in potenza e pari mio
Creava il Re!

Marcello
(vivamente, a voce bassa)

Quel nome non lo dir!
Padre mio, per pietà! fa che lo ignori
Per oggi almen, per un sol giorno ancora,
O, se non hai mercè, spiro a' tuoi piè!

Amelia

Ah! sì, comprendo... ei dee partir... la vita
A Medina dobbiamo, al successor!...

Sandoval
(additando Marcello che si avanza, ai congiurati)

No - davver! gli è a colui! per quanto ei chieda,
Nulla il Duca ricusa e ognun per esso
Seppe grazia trovar!

Amelia

Marcello! Oh ciel!

Amelia, Daniele e i Congiurati

Squarciato è il mistero!
La face del vero
Il gran vitupero
Al mondo chiarì!
Al nobile sguardo
D'ogni uomo gagliardo
Si celi il codardo,
Che tutti tradì!

Marcello

Ah! umano pensiero
L'atroce mistero,
L'orribile vero
Non giunga a scoprir!
A me d'atri veli
Si coprano i cieli!
Pria ch'uno mi sveli
È meglio morir!

Il Duca

Tra stirpe gagliarda
E plebe codarda
Perchè ancora tarda
Un figlio ad optar?
Un serto è quel nome,
Che t'orna le chiome,
Sei grande siccome
È sol grande il Re!

Sandoval

D'un uom la preghiera
Quì, dove egli impera,
Quell'ira severa
Calmare potè!
Invan cela il vero
Ma quale è il mistero
Che il nobile impero
Sul Duca gli diè?

Coro di popolo

Di speme ho il cor pieno
Un dì più sereno,
Lo sento nel seno,
Per noi sorger de'!

Marcello
(accostandosi ad Amelia, a mezza voce)

Amelia! Amelia, a te parlar degg'io!

Amelia

A me, dicesti? in qual novella trama
Complice mi vuoi tu?

Marcello

Ciel! che dic'ella?

Amelia

Che venduta al tiranno hai patria e fè!

Marcello

M'odi ancor... per pietà!...

Amelia

Lungi da me!
L'infimo Belga è ancor miglior di te!

(Amelia si allontana con Daniele e coi congiurati, senza volgere uno sguardo a Marcello, il quale, desolato, si getta tra le braccia del padre. Amelia, atto di uscire, si volge, lo addita a Daniele ed esce. Cala la tela.)

ATTO QUARTO.

Scena Prima

L'Oratorio di Amelia.

Marcello entra avvolto in un ampio mantello.

Marcello

Inosservato penetrava in questo
Casto recesso, asilo solitario
Consacrato alle lagrime! Quì move
Ogni sera ad orar pel padre suo!
L' attenderò!... la rivedrò!...

(..uarda intorno con rispetto e s'inchina davanti al quadro sovrapposto al-
..nginocchiatoio)

Angelo casto e bel,
Non turbi un solo vel
Di affanno o di terror
Di questa cara il cor!
Pietoso al mio pregar,
Deh! possa Iddio serbar
A lei del ciel le gioie,
A me l'uman dolor!
Ma... se, proscritto e reo,
Mi manca il tuo sospir,
La mia memoria, Amelia,
Almen non maledir!
La voce mia,
Morendo ancora,
Non può che dir:
Angiol del cielo, ecc. ecc.
..! d' udirla mi par...
..cillo de' suoi passi all' appressar!

Scena Seconda

Amelia, Marcello.

(Amelia entra vivamente, alza gli occhi e scorge Marcello)

Amelia

.. ciel! si gela il sangue - di sgomento ed orror!
.. mio cospetto appar - quel vil, quel traditor!

Marcello

(cadendo in ginocchio)

Ascolta! ascolta!
Ah! d'orror il tuo sen più non frema,
Cedi, o donna, a cotanto sospir!
O una grazia m'accorda, l'estrema!
A' tuoi piè mi concedi morir!

Amelia

No! giammai! disertate hai le file,
Hai venduto il tuo braccio, il tuo cor!
No! giammai! perdonar si può il vile,
Non colui che tradiva l'onor!

Marcello

(rialzandosi in preda alla massima commozione)

No, non son io colpevole
Ne attesto Iddio Signor,
Quel che creò quest' anima
Quel che ci legge in cor!

Amelia

Del tuo rimorso il fremito
Accusa il basso error!
Tu tremi, o vil! colpevole
Te chiama il Nume ultor!

Marcello

(con calore)

A te lo giuro per Egmont, tuo padre
Che innocente son io...

Amelia

Tu?

Marcello

Ma per noi
Ma per te... non volermi interrogar
Su questo reo mister! tutto obbliamo,
Fuggiam lungi di qua!... dei tuoi tiranni,
Dei miei, mio ben, l' infame possa io sfido!
Rinuncio a un grado, a un nome, ad ogni fè!
Per vendicarti ti sarò sol fido!

Amelia

(commossa e perplessa)

Marcel, che ascolto! e che di' tu?

Marcello

Fuggiamo!
Di Fiandra ignoto figlio - oscuro venturier,
Al fianco tuo saprò - o mia fedel compagna,
Tra i prodi militar - che combatton la Spagna,
Ed han d' Orange a duce - il nobile guerrier!

Amelia

(guardandolo in attitudine di dubbio)

Se fosse ver!

(alzando gli occhi al cielo)

Dal ciel - a me sii guida, o padre,
Di' s'ei merti mia fè...
La voce tua m' ispiri! - soccorri, o padre, a me!

(a Marcello)

Se mi narrasti il ver, d'Amelia in core
Quel che tu fosti ritornar puoi tu!

Marcello

(con ebbrezza)

In me ridesti il celestial ardore,
Più non fia che mi manchi una virtù!

Amelia

(sottovòce)

Il tiran, che di duol - copriva il suol materno,
Pel suo lido natal - le vele scioglierà,
La Spagna lo richiama - e, dei popoli a scherno,
Il regno suo per pena - avrà l' impunità!

No! no! Dio non lo vuol! - pensarlo è basso oltraggio...
V' han petti in terra ancor,
In cui sublime, ardente,
D' ogni viltà sdegnoso - è il palpito del cor...
La forza sol difetto - può far al lor coraggio!
Poi che braccio viril - può solo un sen squarciar!

Marcello
(con raccapriccio)

Cielo!

Amelia

Tu tremi omai? -

Marcello

Io?

Amelia

Più giuri non vo'!
Ch'ei muoia e credo in te - ch'ei muoia e a te perdono!

Marcello

Gran Dio! che mai di' tu? -

Amelia
(fissandolo profondamente)

Già d'orror tu trasali?

Marcello
(volgendosi altrove)

Nol poss'io! nol poss'io! Taci! pietà!

Marcello

Dal labbro tuo
Tremante io pendo,
Ch'ei m'apra attendo
L'inferno o il ciel!
Fato funesto,
Io ti detesto,
Sii maledetto,
Giorno crudel!

Amelia

Ten va! ti scosta!
Non ti rispondo...
Son sola al mondo,
Lungi da me!
Ardor funesto,
Io ti detesto...
Non puoi cercarmi
Più omai mercè!

Marcello
(con desolazione)

Ah! tu non sai!... ostacolo fatale...

Amelia

Un uom non è chi a spezzarlo non vale!

Marcello

Fra noi l'inferno sta!...

Amelia

Il ciel ci assisterà!
Malgrado tuo... stanotte... il mio pugnale
Il tiran colpirà!

Marcello
(con un grido)

Mio padre!

Amelia
(nascondendosi il capo tra le mani)

Ah!

Marcello
(dopo una breve pausa)

Or ben!... t'è noto alfin l'arcano orrendo!

Amelia

Quel carnefice vil?... dicesti il ver?

Marcello

È mio padre!

Amelia

L'inferno ci separa
Il padre tuo tu servi! - il mio vo' vendicar!

Marcello

Qual rea parola
Hai pronunziato?
Tu m'hai rubato
Per sempre il ciel!
Giorno funesto!
Io ti detesto!
Sii maledetto,
Fato crudel!

Amelia

Ten va! ti scosta!
Dio ci separa!
Spezzata è l'ara
Dei nostri amor!
Fiamma funesta,
Che il cor detesta!
Sii maledetto,
Giorno crudel!

(escono entrambi da diverse direzioni)

QUADRO SECONDO.

Il porto d'Anversa sulle rive della Schelda. La flotta spagnuola che deve ricc durre il Duca d'Alba sta per mettere alla vela. Il vascello ammiraglio è a destra. – Una larga tavola lo mette in comunicazione colla riva. Il port coperto di marinai e di soldati, i quali stanno facendo i preparativi d l'imbarco.

Coro di Marinari e di Soldati

Sciogliete le vele!
Qual vaga fanciulla
La nave si culla
Nel limpido mar!
Al sol che tramonta
Si leva la brezza,
Dei forti è l'ebbrezza
In patria tornar!
Perso in mezzo agli ulivi
Non lo vedi spuntar,
D'Andalusia sui clivi
Il natio casolar?

Dalla riva ogni vela
Una donna vi spia,
È la vergine mia
Che vo' trarre all'altar!
Brilla fulgida e bella
L'onda al par d'una stella...
Vieni! il mare t'appella
Vien! partiam, marinar!

I Soldati

A chi vien dalla guerra
Oltre monti, oltre mar,
La materna sua terra
Quanto è bel rimirar!

(...amburi suonano a raccolta. Comparisce il Duca d'Alba, preceduto e se...uito da Soldati. Si appoggia sul braccio di Marcello. – Al suo fianco sta ... Duca di Medina-Celi. Più indietro, popolani, uomini e donne. I vascelli ...sano le bandiere; l'artiglieria le saluta; queste si abbassano; il Coro canta ... marcia del Duca d'Alba come nel primo atto.)

Il Duca d'Alba

(al Duca di Medina-Celi)

In mani vostre, o Duca – io rassegno il poter...
Saluteran tra breve
Gli spaldi di Lisbona
Gli iberici guerrier!
Addio! addio, guadagnata mia terra,
E voi, genti che seppi alfin domar!
O spaldi addio, su cui, segnal di guerra,
Sventolan l'aste ch'ebbi a conquistar!
Ignoti a me furo i trepidi allarmi,
Volli il destino a' fini miei fedel!
E arrise ognor la vittoria a' nostr'armi,
Ad attestar che con noi stava il ciel!

(...mparisce Amelia, accompagnata da Daniele e da parecchie giovinette ...ianco-vestite che recano canestri di fiori)

Il Duca

(ad Amelia, la quale gli si accosta lentamente e cogli occhi abbassati)

Che vuoi tu, o giovinetta? – T'accosta e non temer
Volgi lo sguardo a me! –

Amelia

(sottovoce a Daniele)

Ah! nol poss'io! tal vista
Fa vacillar il mio braccio e il mio cor!

Il Duca

Parla!

Amelia

(inchinandosi)

Pria che tu parta - imploro a te un favor:
In nome delle Fiandre – venuta a te son io
Lor voti ad apportar... –

Il Duca

(tendendole la mano per rialzarla)

Quali son?

Amelia

(traendo di sotto le vesti un pugnale per ferire il Duca)

Questi qui!

(Marcello, il quale teneva d'occhio Amelia fino dal suo giungere in iscena, si è accostato inosservato da costei, al Duca d'Alba. Nel momento in cui essa alza il pugnale, egli si slancia rapidamente tra essa e il Duca, cui fa schermo col suo corpo, e riceve il colpo che le era destinato.)

Marcello

(vacillando)

O padre mio!

Amelia

(manda un grido straziante e lascia cadere il pugnale)

Marcel! –

Il Duca

(stringendo il figlio tra le sue braccia)

Che hai fatto?

Marcello

Il mio dover!
Il padre mio difesi – essa il suo vendicò!

(Il Duca d'Alba sostiene il figlio morente. – Egli cerca con lo sguardo Amelia, la quale, a sua volta, è caduta tra le braccia di Daniele. All'appello pietoso dell'amante, essa si trascina presso a lui. – Marcello le passa una mano tra i capelli e la guarda con tenerezza desolante.)

Marcello

(con voce fioca)

Con le tue labbra sfiorami,
Cara adorata, il viso!
Venia mi dà, se, ahi misero!
Da te mi volli ucciso!
Non fu quel ferro, o vergine,
Col petto mio crudel,
Ho in te perduto l'angelo,
Tu mi riapri il ciel!

(al Duca)

E tu non dir colpevole
Chi m'ha trafitto il cor!
Basti una sola vittima
Del filiale amor!

Amelia

(a Marcello)

Ah! non sarà il tuo cenere
Gelido fatto ancor
Che sul recente tumulo
M'ucciderà il dolor!

Il Duca

O figlio, o figlio mio,
Deh! non morire ancor!
Troppo punisce Iddio
In te il paterno error!

Daniele

(in disparte, ai Fiamminghi con voce cupa, additando il Duca)

Sia maledetto – sia maledetto
Chi il suol fiammingo – insanguinò!
Il ciel che è giusto – nel solo affetto
Che uom lo ha reso – lo fulminò!

Marcello

(con uno sforzo supremo, sciogliendosi dalle braccia del padre e cadendo tra quelle di Amelia)

Ah ! del tuo bacio donami
La celestial pietà !
Guardami ancora ! stringimi !
Mancar mi sento...

(muore)

Amelia

(con un grido desolato gettandosi sul suo corpo)

Ah !

Il Duca

(mettendogli una mano sul cuore)

Fatto è di gel il suo misero cor !

(allontanandosi e salendo il ponte mobile del naviglio ammiraglio)

Terra esecrata !

Daniele e i Fiamminghi

È la man del Signor !

(squilli di trombe e urrà di marinai)

I Marinai

Le vele sciogliete !
Qual vaga fanciulla,
La nave si culla
Sul limpido mar !
Al sol che tramonta
Si leva la brezza,
Dei forti è l' ebbrezza
In patria tornar !

Daniele e i Fiamminghi

Sia maledetto - sia maledetto
Chi il suol fiammingo - insanguinò !

(il naviglio si muove. – I Fiamminghi fanno atto d'imprecazione agli Spagnuoli. La tela cade lentamente.)

INDICE

Preludio

BELWIN MILLS PUBLISHING CORP.
PRINTED IN U.S.A.

(♩= 60)
LARGHETTO
stentate
animando e cres.
a Tempo

ff
ff
dimin.
ff

a poco a poco animando
ALL°. VIVACE (♩. 120)
f
cres. sempre
S'alza la tela.
ff

CORO D'INTRODUZIONE

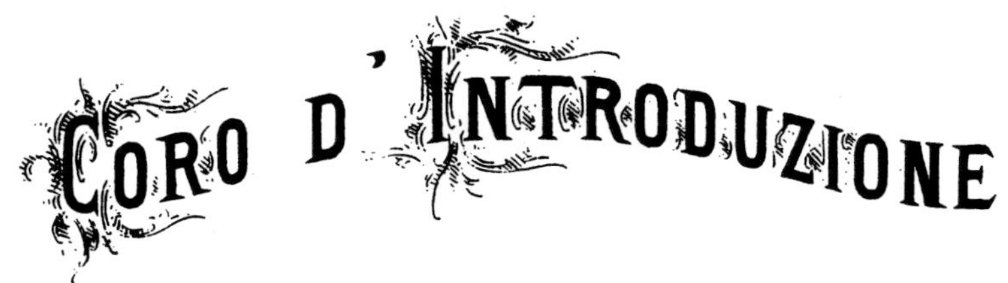

ATTO I. Piazza del palazzo comunale a Brusselle, in un giorno di Kermesse. Nel fondo il palazzo, cui si accede da una breve gradinata. Nel mezzo della piazza, una colonna. — A diritta, verso il proscenio la fabbrica di birra di Daniele. — A sinistra, verso la terza quinta, l'ingresso della caserma degli archibugieri.

All'alzarsi della tela, la Kermesse è animatissima. Nel fondo popolani e popolane intrecciano danze nazionali.

A dritta alcuni borghesi seduti davanti ad ampie tavole con grandi coppe di birra. Escono dalla caserma Sandoval e parecchi soldati spagnuoli.

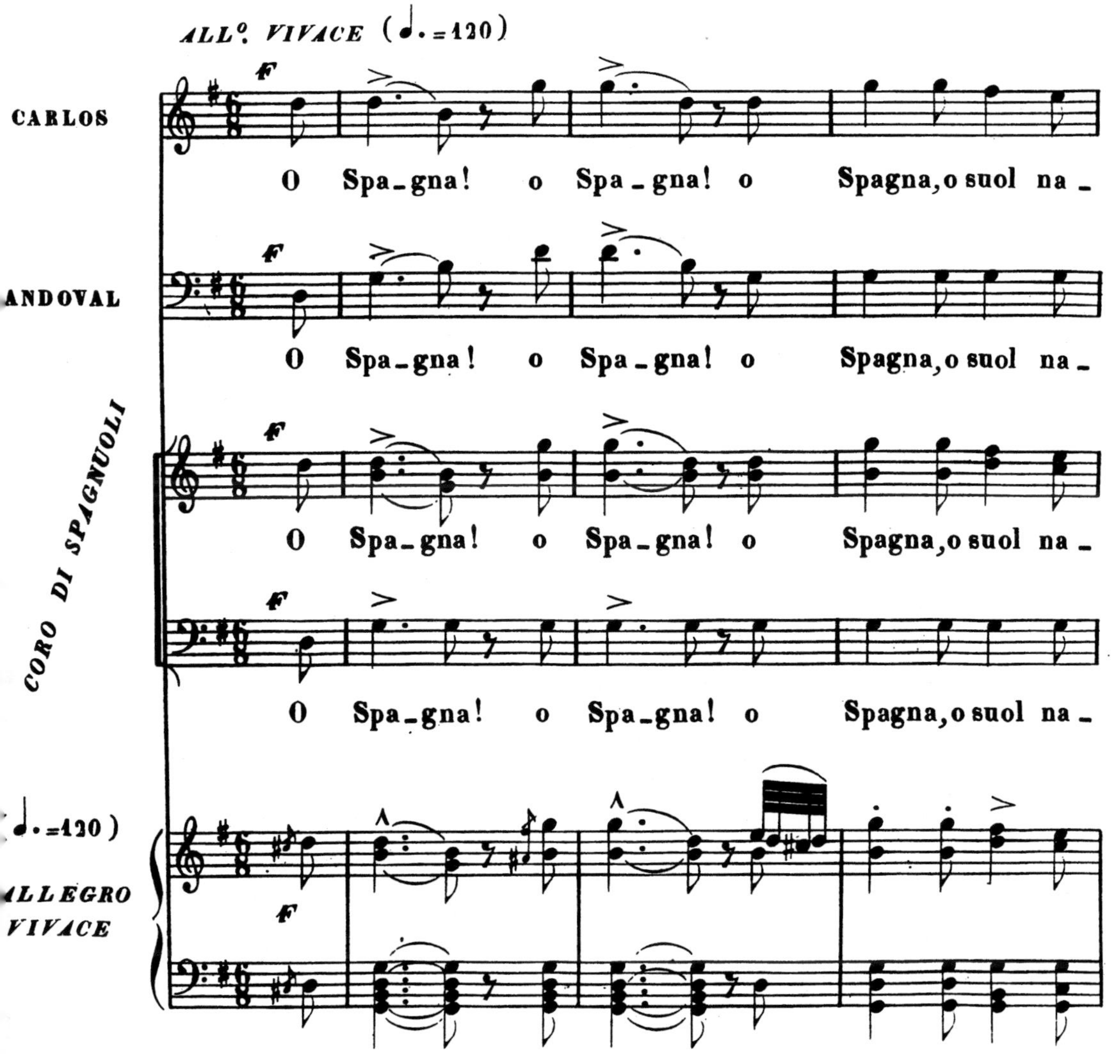

ALL° VIVACE (♩. =120)
CARLOS
O Spa_gna! o Spa_gna! o Spagna, o suol na_
ANDOVAL
O Spa_gna! o Spa_gna! o Spagna, o suol na_
CORO DI SPAGNUOLI
O Spa_gna! o Spa_gna! o Spagna, o suol na_
O Spa_gna! o Spa_gna! o Spagna, o suol na_
(♩. =120)
ALLEGRO VIVACE

C
_tal! io brindo a te, io brindo a te...............
S
_tal! io brindo a te, io brindo a te...............
_tal! io brindo a te, io brindo a te...............
_tal! io brindo a te, io brindo a te...............
f
C
a te che la gloria accom _ pa _ gna e che
S
a te che la gloria accom _ pa _ gna e che
a te che la gloria accom _ pa _ gna e che
a te che la gloria accom _ pa _ gna e che
f

gui _ da la san _ ta fè!......
gui _ da la san _ ta fè!
gui _ da la san _ ta fè!......
gui _ da la san _ ta fè!
Vi _ va il suo
Vi _ va la Spa _ gna!
Vi _ va il suo
Vi _ va il suo
con brio

C
S
Re! vi - va la Spa - gna vi - va il suo
vi - va la Spa - gna
Re! vi - va la Spa - gna vi - va il suo
Re! vi - va la Spa - gna vi - va il suo
Re! vi - va vi - va vi - va il suo
vi_va vi_va la Spa - gna vi - va vi - va il suo
Re! vi - va vi - va vi - va il suo
Re! vi - va vi - va vi - va il suo

Re! a te la glo - ria e la
Re! a te la glo - ria e la
Re! a te la glo - ria e la
Re! a te la glo - ria e la
san - ta fè! ev - vi - va il Re!
san - ta fè!
san - ta fè! ev - vi - va il Re!
san - ta fè! ev - vi - va il

C
S
ev - vi - va il Re! o Spa - gna! o
Re! ev - vi - va il Re! o Spa - gna! o
ff
Spa - gna! o Spa - gna, o suol na - tal, io brin - do a

te, io brin_do a te, oh ...
te, io brin_do a te, a te, a te, a te, a te!
te, io brin_do a te, oh ...
te, io brin_do a te, a te, a te, a te, a te!
.... patrio suol ... patrio suol io brin_do a te,
F
vi _ va vi _ va io brindo a te, evviva il
1. Ten.
... patrio suol ... patrio suol io brin_do a te,
2. Ten.
..... patrio suol ... patrio suol io brin_do a te, vi -
F
vi _ va vi _ va io brindo a te, a te
F

C
vi _ va
vi _ va
la
S
Re!
evviva il
Re
la
Spa _ _
vi _ va
vi _ va
la
_ va
la
Spa _ _ gna
la
Spa _ gna
io brindo a
te, a te
io brindo a
te
io
C
Spagna ed il
suo
Re!
vi _ va
vi _ va la
S
_ gna
ed
il
Re!
evviva il
Re
vi _ va la
Spagna ed il
suo
Re!
vi _ va
vi _ va la
il
suo
Re!
vi _ va
viva la
Spa _ _
brin _ do a
te
a te
a te
a te io

Spa - - gna vi - va la san - - -

Spa gna vi - - va si vi - va

Spa - - gna vi - va la san - - -

- - - gna vi - va la san - - -

te io brin - do a te al - la san - - -

PIÙ MOSSO

- ta fè! vi - va vi - va la Spa - gna vi - va

il Re! vi - va vi - - va vi - va la

Tenori

- ta fè! vi - va vi - va la Spa - gna vi - va

Bassi

- ta fè! vi - va vi - va la Spa - gna vi - va

PIÙ MOSSO

sempre FF

Carlos e Sandoval si accostano alla tavola e danno di piglio ai bicchieri che erano stati ricolmi da un borghese e vi bevono. I soldati fanno altrettanto, scacciando i Fiamminghi ed occupando il loro posto.

Le danze cessano.

_la la dol_ce am _ bro _ sia, o fiam _ min _ go a noi
dà! A noi per_tien! poi_chè l'a _ sta quì
ff
bril _ la del_la Ca _ sti _ glia ed
F rall.
a te_mer non ha! no da te _ mer non
calando

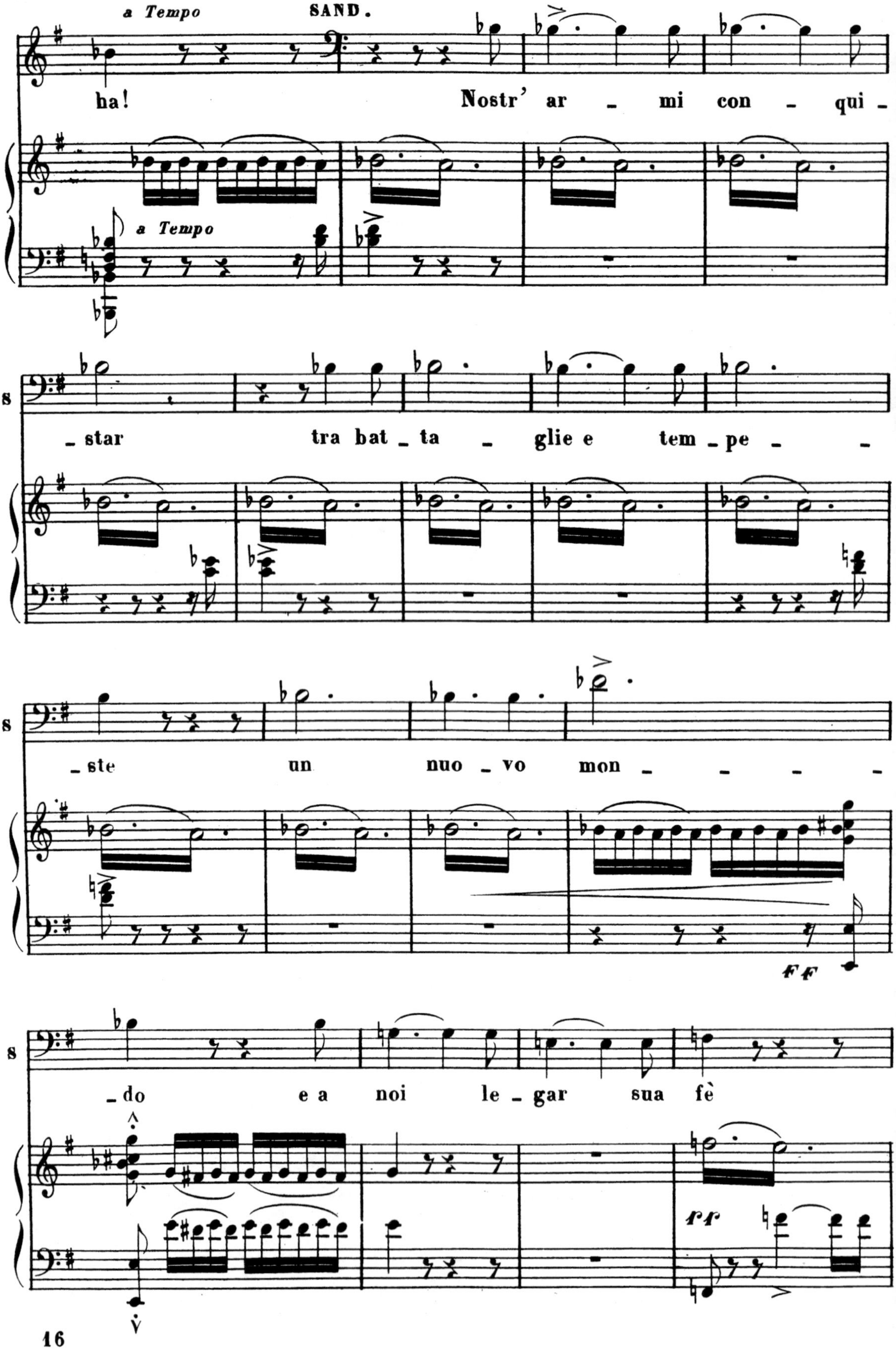

a Tempo SAND.

ha! Nostr' ar - mi con - qui -

a Tempo

S

- star tra bat - ta - glie e tem - pe - -

S

- ste un nuo - vo mon - - - -

ff

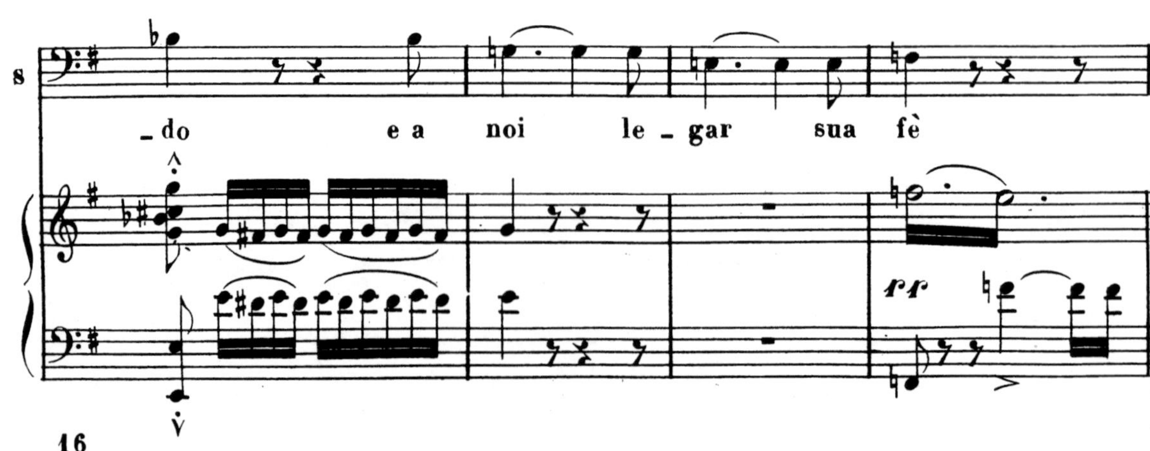

e il
sol .... giam -
- mai
de
cal - - di
rai .... si
sve - - - ste

S

la do - - - ve im - - -

S

- pe - - ra il Re! giam - - -

S

- ma - i il so - le giam - ma - i di ra - i si

S

sve - - - ste do - ve im - pe - ra il

A TEMPO
CARLOS
F
O Spagna, o Spagna, o Spagna, o suol na-
SAND.
F
Re! O Spagna, o Spagna, o Spagna, o suol na-
Donne
Tenori
CORO DI FIAMMINGHI
Bassi
Tenori
F
O Spagna, o Spagna, o Spagna, o suol na-
CORO DI SPAGNUOLI
Bassi
F
O Spagna, o Spagna, o Spagna, o suol na-
A TEMPO
FF

C
_tal io brindo a te, io brindo a te............
S
_tal io brindo a te, io brindo a te............
Sia Spa_gna male_det_ta
Sia Spa_gna male_det_ta
Sia Spa_gna male_det_ta
_tal io brindo a te, io brindo a te............
_tal io brindo a te, io brindo a te.............

F
A te che la gloria accompagna e che gui _ da la
F
A te che la gloria accompagna e che gui _ da la
e il suo Re!
e il suo Re!
e il suo Re!
F
A te che la gloria accompagna e che gui _ da la
F
A te che la gloria accompagna e che gui _ da la
F

C
S
san _ ta fè!
san _ ta fè!
Ovunque il terror l'accom _ pagna e ri_schiaran i roghi sua
Ovunque il terror l'accom _ pagna e ri_schiaran i roghi sua
Ovunque il terror l'accom _ pagna e ri_schiaran i roghi sua
san _ ta fè!
san _ ta fè!

Vi - va il
f
Vi - va la Spa - gna!
fè! mor - te al - la Spa - gna!
fè! mor - te al - la Spa - gna!
fè! mor - te al - la Spa - gna!
Vi - va il
Vi - va il

C
S
Re! Vi - va la Spa - gna vi - va il suo
Vi - va la Spa - gna
morte al suo Re! mor - te al - la Spa - gna
morte al suo Re! mor - te al - la Spa - gna
morte al suo Re! mor - te al - la Spa - gna
Re! Vi - va la Spa - gna vi - va il suo
Re! Vi - va la Spa - gna vi - va il suo

Re! vi - va vi - va vi - va il suo Re!
vi - va viva la Spa - gna vi - va vi - va il suo Re!
Mor - te alla Spa - gna!
Mor - te alla Spa - gna!
Mor - te alla Spa - gna!
Re! vi - va vi - va vi - va il suo Re!
Re! vi - va vi - va vi - va il suo Re!

C
a te la glo - ria e la san - ta fè! evviva il Re! ....
S
a te la glo - ria e la san - ta fè!
mor_te al suo Re! no!
mor_te al suo Re! no!
mor_te al suo Re! no!
a te la glo - ria e la san - ta fè! evviva il Re! ....
a te la glo - ria e la san - ta fè! evviva il

.... ev _ viva il Re! .... o Spa _ gna, o Spa _ gna, o
ev _ viva il Re! .... o Spa _ gna, o Spa _ gna, o
no! mor _ te al Re!
no! mor _ te al Re!
no! mor _ te al Re!
.... ev _ viva il Re! .... o Spa _ gna, o Spa _ gna, o
Re! ev _ viva il Re! .... o Spa _ gna, o Spa _ gna, o

C
Spagna, o suol na_tal, io brindo a te, io brindo a te,
S
Spagna, o suol na_tal, io brindo a te, io brindo a te, a te, a
No! morte alla
Ma_le_det_ta la
Ma_le_det_ta la
Spagna, o suol na_tal, io brindo a te, io brindo a te,
Spagna, o suol na_tal, io brindo a te, io brindo a te, a te, a

oh .... suol na_tal .... suol natal ....
te, a te, a te, vi_va vi_va
Spa gna no! mor_
Spagna la Spagna ed il Re! no! mor_
Spagna la Spagna ed il Re! no! mor_
Ten. 1.
oh .... suol na_tal .... suol natal ....
Ten. 2.
oh .... suol na_tal .... suol natal ....
te, a te, a te, vi_va vi_va

C
io brin_do a te! vi _ va vi _ va la
S
io brindo a te! evviva il Re! evviva il Re! ....
F
_ _ te al Re! mor _ te no! ....
_ _ te al Re! mor _ _ te al Re! no! ....
_ _ te al Re! mor _ _ te al Re! no! ....
io brin_do a te! vi _ va vi _ va la
io brin_do a te! vi _ va la Spa _ _ gna la
io brindo a te! a te .... io brindo a te, a te .... al_la

PIÙ MOSSO
san - - ta fè vi - va vi - va la
vi - va il Re! vi - va vi - -
no! mor - te al Re!
no! mor - te al Re!
no! mor - te al Re!
Uniti
san - - ta fè vi - va vi - va la
san - - ta fè vi - va vi - va la
PIÙ MOSSO
FF

C
Spagna,vi_va vi _ va il Re!
vi _ va,
S
va, viva la Spagna ed il Re!
vi _ va,
morte alla Spa - - - - - gna
morte alla Spa - - - - - gna
morte alla Spa - - - - - gna
Spagna,vi_va vi _ va il Re!
vi _ va,
Spagna,vi_va vi _ va il Re!
vi _ va,

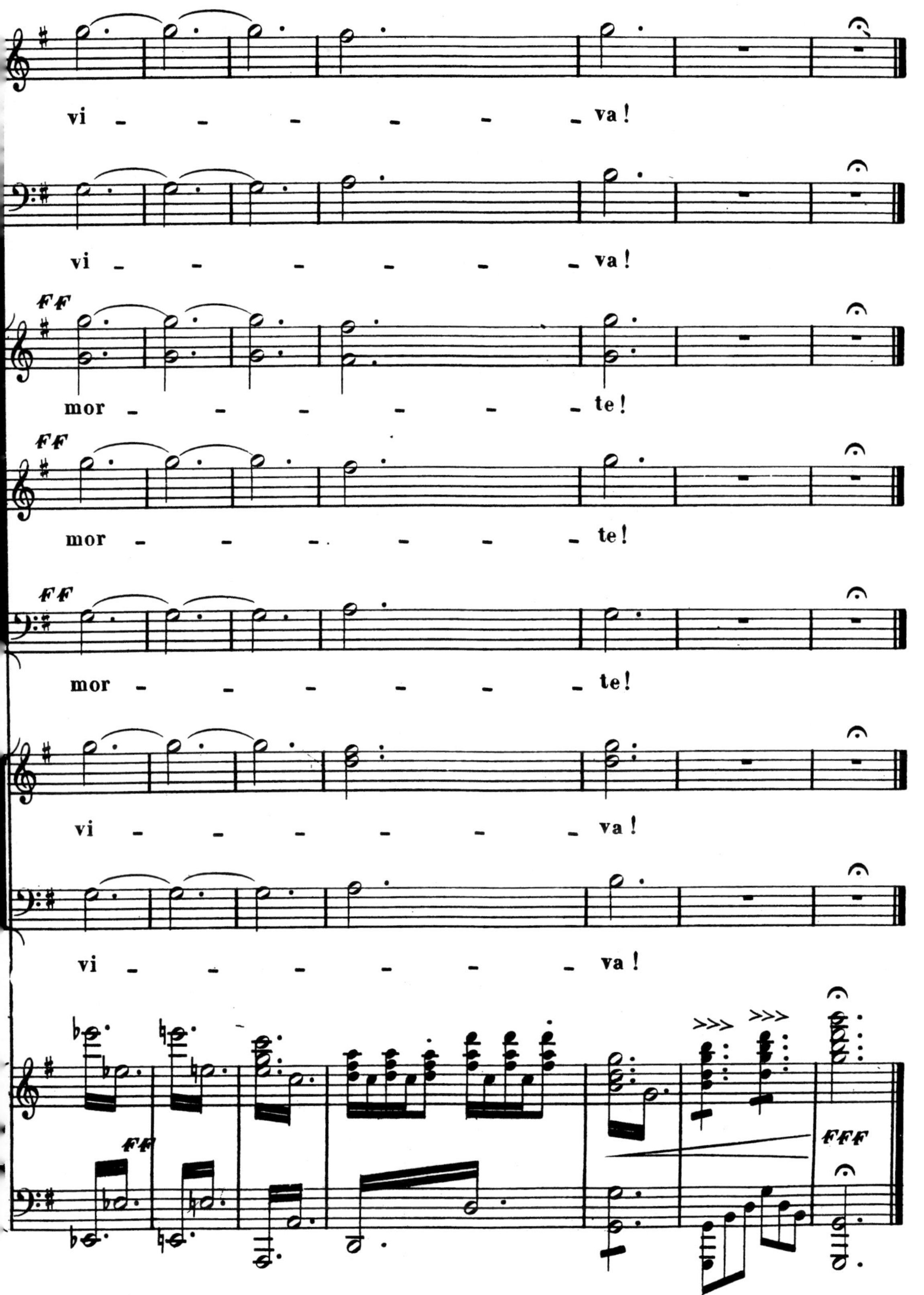
vi - - - - - - va!
vi - - - - - - va!
FF
mor - - - - - - te!
FF
mor - - - - - - te!
FF
mor - - - - - - te!
vi - - - - - - va!
vi - - - - - - va!
FF
FFF

SCENA ed INNO

(additando la fabbrica di birra)
-niel, un birra-io mo-del che di-mora lag-giù!
MODERATO
Che ne sai sul suo
CARLOS
Un fiammingo di sangue! Un devoto ai Nassau! Che a'lor armi fe-
conto?
-del trama un nuovo tra-nel! Dal fiero suo parlar sempre erompe l'af-

C
-fronto, per noi, pel Duca d'Alba e con baldo sermon ardì commiserar il fu
C
con-te d'Egmont!
SAND.
E il nostro condot-tier ad un ri-bel ru-
fr
S
-besto volle i giorni spar-miare?
(additando i bicchieri ricolmi)
CORO di SPAGNUOLI
(♩=104)
Ben ei fè! ben ei
Ben ei fè! ben ei
(♩=104)
f

II TAV. (sottovoce a Sandoval)
male opro! male o_prò!
A noi, mi_rate, ei
fè!
che dei net_tari è il re!
fè!
che dei net_tari è il re!
FF
(Daniele esce dalla birreria pre_
SAND.
vien! le man conserte al
sen! Ed al var _ co l'ar_
AND.te GIUSTO
(♩=63)
p
p e legatissimo
ceduto da alcuni garzoni che spingono innanzi delle carriuole con orciuoli di birra)
_re _ sto!

(ad alcuno dei suoi accennando Daniele)
SAND.
Da voi tradotto sia al posto più vi_cin presso gli archibu
fp
p
S
_gier! Or _ sù che più si
cres.
S
DANIELE
tar _ da? in _ teso hai tu? Con gran pia _
f

- cer!
AND.te GIUSTO
(accostandosi a Sandoval)
(con bonarietà)
Sei scudí d'ôr! Lo scotto e assai mo-
SAND.
(ridendo)
Davver
- desto
E il suo prezzo
È una ce-lia as-sai sci-pi-ta

(con alterigia)
MAESTOSO
E da qual dì, ta_lu_no ar_dì far pagar lo Spa
_gnuol il ben di cui di_spo - ne? chè tut_to gli per_
_tien ter_re be - ni e per_so - ne! non tene_te ad o -
- nor, o vil gen_te fiamminga la se_te di cal_mar di vinci_

DAN. (con impeto d'ira)
Dei predon!
tor?
Lo fred - diam, lo fred -
CORO di SPAGNUOLI (alzandosi)
Lo fred - diam, lo fred -
ALLEGRO
(♩=138)
FF
FF
(Comparisce sulla porta della birraria Amelia, in abito nero. Ella si avanza
LARGHETTO
(accennando ad Amelia)
No, davver!
Or chi e mai
- diam!
- diam!
LARGHETTO (♩=69)
p
pp con espress.

lentamente, meditabonda e senza curarsi di quanti la circondano, nè dei loro discorsi)

DAN.
(con accento cupo)
Veste il bru_no del
e perchè quella veste fe_ral?
cres.
duol!
Per suo pa_dre che assassi_na_to fu!
(con accento di
E perchè?
Sventura_ta!
poco rit.
commiserazione)
Sol dal_la scor_sa not_te
e da quando qui sta?

(a bassa voce a Daniele)
AMELIA
E dun_que qui?.. Da -
p
A
_niel... accel.
DAN.
Sì si!
FF marcate
(sottovoce additando la colonna)
D
Là! su quel_la
POCO MENO (♩=66)
p

piaz_za tra il fol_le tumul_ _tu_ar d'indif_fe_ren_ti
ple_bi ne vi_di ro_to_lar la no_bil
AMELIA (cadendo in ginocchio presso alla colonna)
Ah! pa_dre
te_sta
dolce

A
mi - - o! ah! pa - dre
mi - o! io ti vendi - che - ro io ti ven - di - che -
- rò sa - cro giu - ro ne fo, io ti vendi - che - ro!
rall.
Tamburo di dentro
ALLEGRO (♩ = 152)
Trombe di dentro a sinistra

All' ar - mi!
All' ar - mi!
F
Il Du - ca d'Al - - ba!
Il Du - ca d'Al - - ba!
CARLOS (guardando la strada a sinistra)
Sì... ne veg - go la scor - ta!

SAND. (sorridendo)
Al palazzo egli va della cit_ta per una nuova imposta che alle Fiandre esso chiede
S
e che pagar sapran qual nobile mer_ce - - de che in dritto a noi ri-
F
CARLOS
Un grand'uom! Un a_mi_co dei prodi!
S
_viene Un e_roe!
FF
FF
F

SAND.
(volgendosi ad Amelia che trovasi ancora in ginocchio)
Delle impo_ste il Si_gnor! Al Du_ca d'Al_ba ha_i
tu a chieder grazia al_cu_na? che do_ve passi ap_pena, ca_di prona a'suoi pie?
AMELIA (alzandosi vivamente)
(sottovoce a Daniele)
Io prostrarmi! dinanzi a chi il pa_dre m'ha spento?
DAN.
Ah! di

D
grazia frenarti dèi! poi chè, sol ch'egli appa_ja il ti_ran_no e_se
_cra_to, o_gnun ve_drai tre_mar che questa plebe
vil cre_de ch'abbia a fe_rir il sol suo ri_guar_
_dar!
(I tamburi rullano, Don Carlos e i suoi soldati, usciti dalla caserm
presentano le armi)
rullo prolungato

ASSAI MAESTOSO MARZIALE (♩ = 52)
assai staccato e leggero
pp
Preceduto e seguito da Albanesi, Archibugieri e Guardie vallone, esce il Duca d'Alba in
Trombe
lettiga chiusa e lentamente si reca al palazzo di città. Al suo passaggio si abbassano le
bandiere. I magistrati e notabili della città vengono appresso, a piedi. Sandoval e D. Carlos
CORO di SPAGNUOLI
f
O_nor a lui ch'ogni e_
f
O_nor a lui ch'ogni e_
ff

_roica ogni eroi_ca pa_ro _ la col suo va_lor è av_
_roica ogni eroi_ca pa_ro _ la col suo va_lor è av_
_vez _ zo a su _ pe_rar, no _ bil campion........
_vez _ zo a su _ pe_rar, no _ bil campion........
FF
del_la glo_ria spagnuo_la l'a _ ste anzi a lui si
del _ la glo_ria spagnuo_la l'a _ ste anzi a lui si

a mezza voce
DONNE
TENORI
BASSI
CORO di FIAMMINGHI
(fra loro)
Mi_ra la co _ lui
Mi_ra là co _ lui
Mi_ra là co _ lui
deb _ bo _ no si deb _ bon curvar
deb _ bo _ no si deb _ bon curvar
che desola e le terre e i casolar, il du_ce reo dei pre_dator,
che desola e le terre e i casolar, il du_ce reo dei pre_dator,
che desola e le terre e i casolar, il du_ce reo dei pre_dator,

il bar_baro ucci _ sor
sol per lui
il bar_baro ucci - sor
sol per lui
il bar_baro ucci - sor
sol per lui
(guardando biecamente i popolani)
F
O_nor o _ nor al nostro condottier
O_nor o _ nor al nostro condottier
la gente spagnuola
col sangue suo col sangue suo
la gente spagnuola
col sangue suo col sangue suo
la gente spagnuola
col sangue suo col sangue suo
F
o - nor onor o-
o - nor onor o-

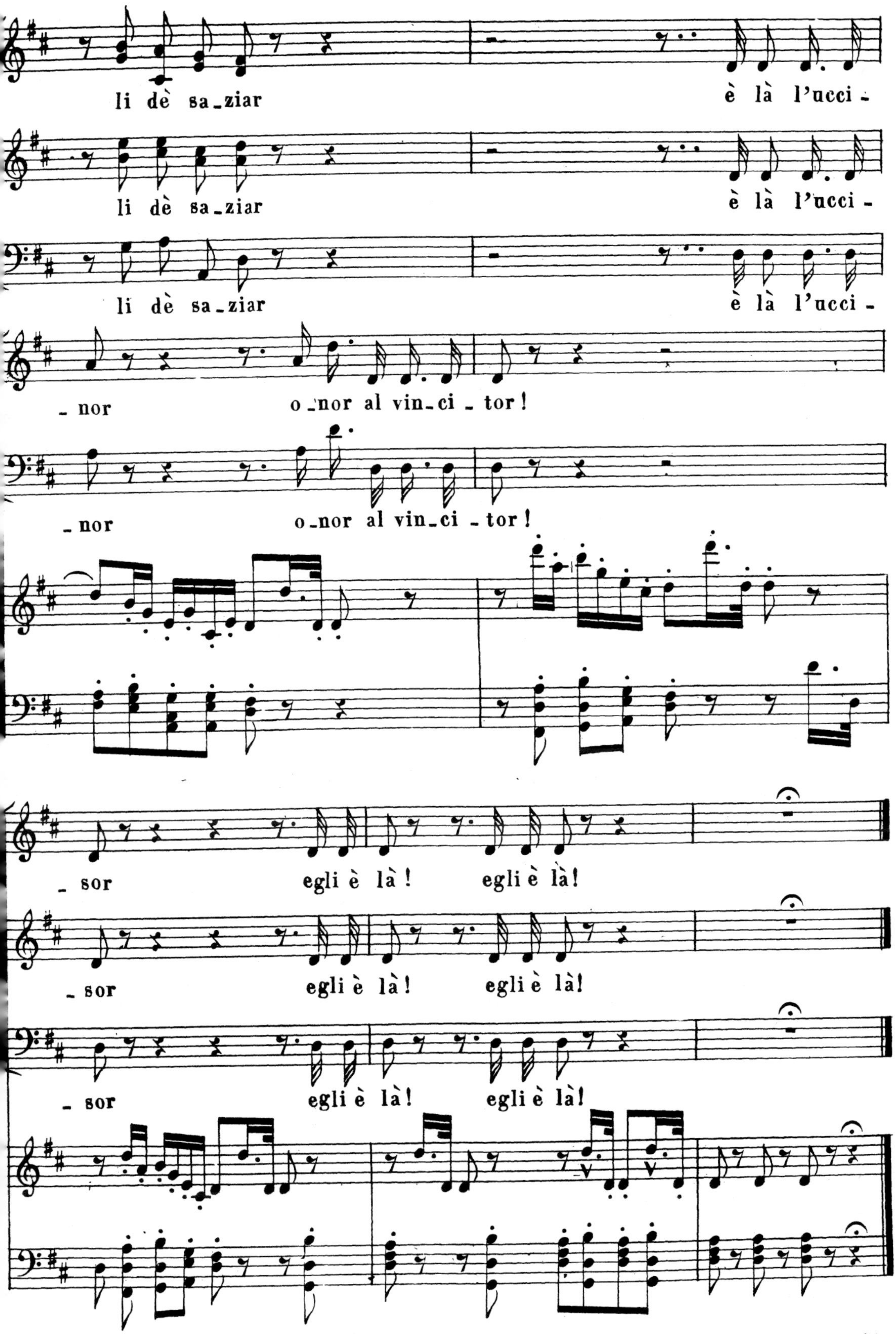

li dè sa_ziar è là l'ucci -

li dè sa_ziar è là l'ucci -

li dè sa_ziar è là l'ucci -

_ nor o _nor al vin_ci _ tor!

_ nor o_nor al vin_ci _ tor!

_ sor egli è là! egli è là!

_ sor egli è là! egli è là!

_ sor egli è là! egli è là!

GRAN SCENA D'AMELIA

Per Sop.

In seno ai mar

Rimane in scena Don Carlos con alcuni soldati, ed Amelia rimasta meditabonda in un angolo della scena a dritta.

(Amelia lo guarda con disprezzo e non gli risponde)
_tor!
(avanzandosi)
Tu dèi mastro gen_til tu dèi ta_
DANIELE
Dritto n'hai tu?
p
_cer. Vo'che meco ella gridi: viva il gover_na _tor! e mi pia_ce di
più ch'ella can_ti con noi qualche canto spagnuolo
(mettendo mano al pugnale)
DAN.
Ten va o di mia man sull'i_
FF

AMELIA (piano a Daniele trattenendolo)

Fol-le sei ve-di ben che co-stui non è in

D

-stante io t'immo - lo!

(In questo frattempo alcuni soldati portano una gran tavola in mezzo della scena. Essi siedono per bere.)

(mal frenando un im-

A

se (percuotendo col pugnale la tavola)

Ah! non la so can

CAR.

Orsù... la canzo-ne spagnuola che inneggia al Duca d'Alba...

-peto di sdegno)

A

-tar (sedendo e versandosi da bere)

C

Canta al-lor quel-lo che ti par ma

can_ta lo si vuol!
DAN.
Vitu_pero! abbomi _ nio! per lor nul_la di sa_cro
v'ha
AMELIA (guardandoli e fissando Daniele con forza)
Or ben, sì, io can_te _ rò!
sì, io cante _ rò...........
(Gli Spagnuoli stanno seduti intorno alla tavola, il popolo dietro a loro in giro)

AMELIA
(avanzandosi)
MAESTOSO (♩ = 76)
In sen ai mar, preda all'atra tem-pe-sta, al no-bile va-scel speme omai più non re-sta! Dei ven-ti al si-bi-lar e tra il fu-ror del mar il grido a te non vien del ma-ri-nar?

MAESTOSO
Vien a noi
Dio tu-te-la - re! deh! cal - - ma al-
-fin, deh! calma al-fin il tuo fu-ror! Pie-
-to - so a-scol - to al mio pre-ga - re

A
por - gi, i tuoi fi - - - gli, o Si - gnor............... deh! salvi
accel.
cres
fa.............. Dio tu - te - la - - - - - - -
cres.
FF
REC.VO
- re! E Dio di - cea ne'suoi responsi al - lo - ra ,, dee l'uom ripor su
fè.......... sol nella mia pie - tà?.............. Sal - vez - za ognun dal ciel im.

cres.
rall.
-plo-ra ed in sua man, sì, in mano ei l'ha! in mano ei l'ha!,,
cres.
F
con forza
Coll'au-da - - cia l'uom ri-spon - -
VIVACE (♩.=152)
FP
-da e i nem - bi, i nem-bi a do - mi-nar tutti all'
F
o - - pra! tutti all'o - - pra! poi - - che il pe-

(guardando il popolo che poco a poco gli si è avvicinato)
A
_ri _ glio è là!
Sì,.................. prode e vi _ gi _ le
ciur _ _ ma.................. non ti di _ sa _ ni _ mar.............. ah
no................. Ti dèi sal _ va vo _ ler..................
.... e Dio ti sal _ ve _ rà ah!................................ tutti al

o - - pra tutti all'o - - pra Dio........ vi
p Quale ardir! qual lin_guag_gio!
p Quale ardir! qual lin_guag_gio!
Quale ardir! qual lin_guag_gio!
f
sal - ve - rà! ah........
f al suo dir il co_raggio in noi ri_na - - sce
f al suo dir il co_raggio in noi ri_na - - sce
al suo dir il co_raggio in noi ri_na - - sce
f

A

vi sal - ve - rà!

già ri - na - sce già!

già ri - na - sce già!

già ri - na - sce già!

FF

A

LARGHETTO

A qual fin or smarrir la spe -

PP e legato

A

- ne? manca il sangue a' .... no - stre ve - - ne? col.

_pi _ ti d'in_sa _ no stu_por v'imbianca dei

vi - - _ li il pal_lor.. la mor_te

F

vien................ e voi coglie in so_por! Sor _ giam........... sor -

p *accel.*

p accel. *cres.*

_giam tra le fie _ re tem _ pe - _ ste che minaccian dal

cres. *cres.*

accel.
A
ciel le vo_stre teste, si desti ognun sorgete in
F accel.
ALLEGRO
A
_sieme!... Coll'au_da_ _cia si ri_spon_ _da e i
p Ven_di_chiam tanto oltraggio
FIAMMINGHI
p Ven_di_chiam tanto oltraggio
Ven_di_chiam tanto oltraggio
SPAGNUOLI
p Sta ben sta ben
Sta ben sta ben
ALLEGRO
FF

nem - bi, i nem - bi a do - mi - nar tutti all'
sì, spez - - ziam il rio servag - gio
sì, spez - - ziam il rio servag - gio
sì, spez - - ziam il rio servag - gio
f ma per di - sgra - zia
ma per di - sgra - zia
sempre FF
o - - - pra! tutti all'o - - - pra poi -
voglia o - gnun sè sal - var e
voglia o - gnun sè sal - var e
voglia o - gnun sè sal - var e
ai fior di sua ghir - lan - da sic - come a' sue can -
ai fior di sua ghir - lan - da sic - come a' sue can -

A
- chè il pe - ri - glio è là, è là ..... è là .....
Dio ci sal - ve - rà! sì,
Dio ci sal - ve - rà! sì,
Dio ci sal - ve - rà! sì,
- zon p pre - fe - ri - re m'ag -
- zon pre - fe - ri - re m'ag -
fp
A
..... è là ..... è là o prode e no - bil ciur -
il ciel ci
f
il ciel ci
f
il ciel ci
f
- grada co - tal gentil be - van - da che m'i - ne -
f
- grada co - tal gentil be - van - da che m'i -

- - - - ma è là è là è là..............
sal - ve - rà! ci sal - - -
sal - ve - rà! ah sì,
sal - ve - rà! ah sì,
- bria.............. di - già di - già di - già di -
- ne - bria di - già di - già di - già di -
.... è là o prode e no - bil ciur - - - ma.................. è
- ve - - rà! ci sal - ve -
il ciel ci sal - ve -
il ciel ci sal - ve -
- già la be - van - da che m'i - ne - - - bria............... di -
- già la be - van - da che m'i - ne - - - bria

A
là è là il pe - ri - glio è
- rà! Dio ci sal - ve
- rà! Dio ci sal - ve
- rà! Dio ci sal - ve
- già che m'i - ne - bria, m'i - ne - bria di
che m'i - ne - bria, m'i - ne - bria di
A
là è là è là è
- rà Dio ci sal - ve
- rà Dio ci sal - ve
- rà Dio ci sal - ve
- già che m'i - ne - bria, m'i - ne - bria di
- già che m'i - ne - bria, m'i - ne - bria di

là
rà
rà
rà
già
di
già
di
è
là
ci sal - ve - rà
- già
- già
8
tutta forza
secca

ALL°. MOSSO (♩ = 168)

pp

(a bassa voce a Daniele) La fanciulla fiera e bel - la è nota a

pp

La fanciulla fiera e bel - la è nota a te?

pp

La fanciulla fiera e bel - la è nota a

ALL°. MOSSO

pp

pp cres. a poco a poco

DANIELE (sottovoce pur esso) ALL°.

È la fi - glia d'Eg

te? è nota a te?

è nota a te?

te? è nota a te?

-mont!
p
La fi - glia d'Egmont!
p
La fi - glia d'Egmont!
La fi - glia d'Eg-
p
cres.
(facendosi intorno ad Amelia)
p e stacc.
Del pa-dre tuo c'i - spi - ra per te la fe-de e
p
Del pa-dre tuo c'i - spi - ra per te la fe-de e
p
-mont! Del pa-dre tuo c'i - spi - ra per te la fe-de e
pp
stacc. l' accompagnamento

2
l'i - ra le Fiandre in - sor - ge - ran, te vendi - che
l'i - ra le Fiandre in - sor - ge - ran, te vendi - che
l'i - ra le Fiandre in - sor - ge - ran, te vendi - che
AMELIA - (fissando gli Spagnuoli)
p
p
a Tempo
I mari - nar in - te - so m'han!
rall.
- ran!
- ran!
- ran!
p
Del pa - dre tuo c'i -
Del pa - dre tuo c'i -
Del pa - dre tuo c'i -
a Tempo
rall.
pp

_spi_ra per te la fe_de e l'i ra le Fiandre sor_ge-
_spi_ra per te la fe_de e l'i ra le Fiandre sor_ge-
_spi_ra per te la fe_de e l'i ra le Fiandre sor_ge-
AMELIA
_ran, ti vendiche_ran Ed un raggio per me di speran_za mi-
rall.
_ran, ti vendiche_ran
_ran, ti vendiche_ran
rall.
pp

A
-rar! in - te-so m'han
pp Ah! sì, del pa-dre tuo c'i - spi-ra sol per
pp Ah! sì, del pa-dre tuo c'i - spi-ra sol per
Ah! sì, del pa-dre tuo c'i - spi-ra sol per
A
i mari-nar ed un
te fè ed i - ra o fan-ciul-la, ti ven-di-che-
te fè ed i - ra o fan-ciul-la, ti ven-di-che-
te fè ed i - ra o fan-ciul-la, ti ven-di-che-

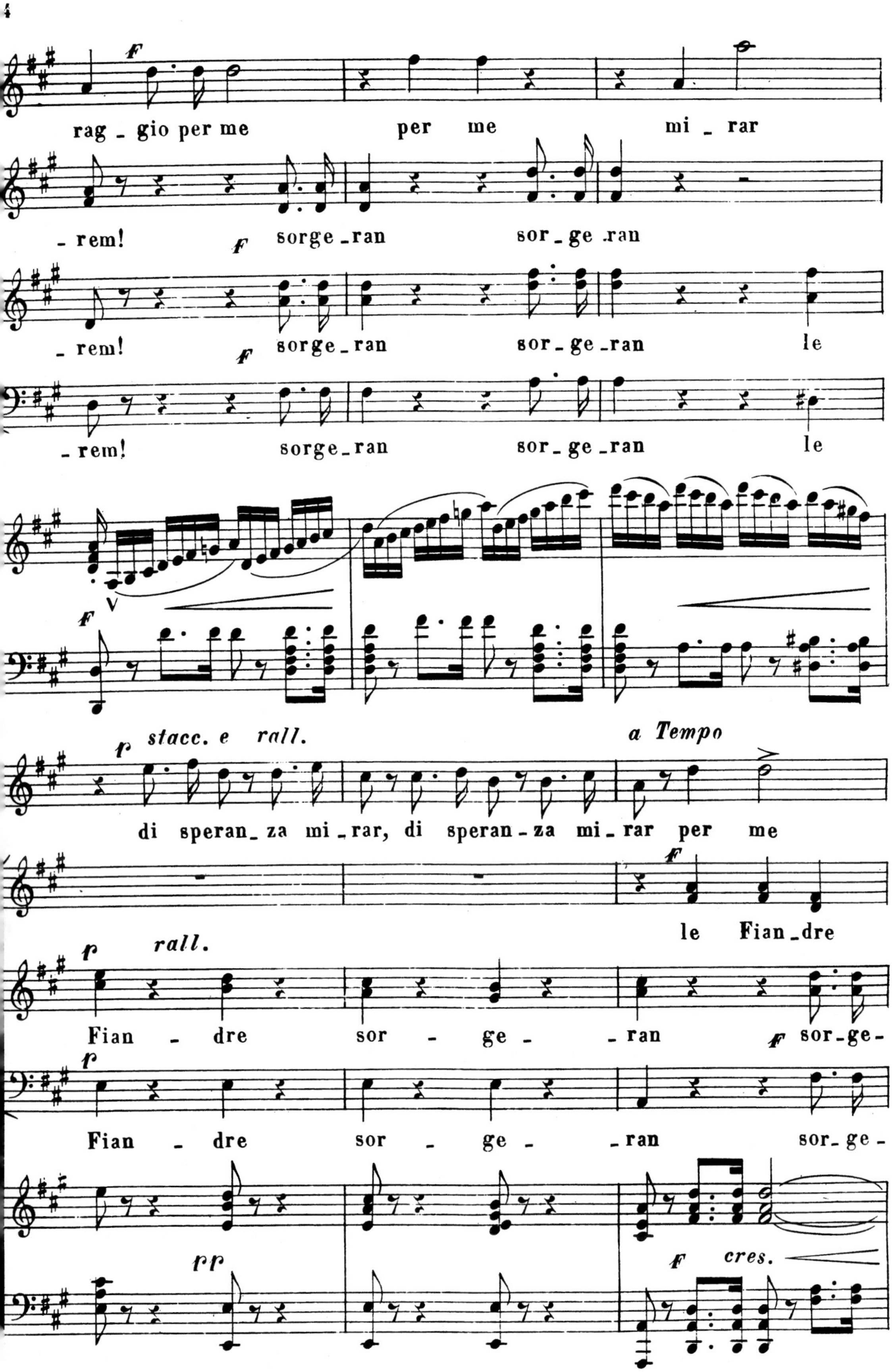

f

rag _ gio per me per me mi _ rar

_ rem! f sorge _ ran sor _ ge _ran

_ rem! f sorge _ ran sor _ ge _ ran le

_ rem! sorge _ ran sor _ ge _ ran le

f

stacc. e rall. *a Tempo*

p

di speran _ za mi _ rar, di speran _ za mi _ rar per me

f

le Fian _ dre

p *rall.*

Fian - dre sor - ge - - ran f sor-ge-

A
p rall.
mi - rar per me di speran - za mi
p
sor - geran vendi - cheran ven -
- ran sor - ge - ran le Fian - dre
- ran sor - ge - ran le Fian - dre
pp rall.
A
- rar, di speran - za mi - rar! in - te - so
- di - che - - ran, le Fian - dre sor - ge -
p
sor - ge - - ran, le Fian - - - dre
p
sor - ge - - ran, le Fian - - - dre
p

m'han i mari_nar e la
_ran le Fian_dre vendi_che_ran le
ven _ diche_ran ven _
ven _ diche_ran ven _
rall. un poco e dim.
spe_ _me nei cor sì nei co _ ri ri_
Fian _ _dre, le Fian _ _dre ven_di _
_di _ che _ _ran ven _ _di _
_di _ che _ _ran ven _ _di _
rall. un poco e dim.

(come ispirata)

A: _tor _na a bril _ lar. Ah! più non v'ha pe _ ri _lio ri_

_ _che _ _ran

_che _ _ _ran

_che _ _ _ran

p

A: _na _scon speme in cor ei vien ei vien d'Olanda il bel na_

Iº TEMPO

A: _vi _ lio, ho scorti i tre co _ lor Andiam an_

p cres. sempre più

_ diam! co _ rag _ gio!
co _ rag _ _ _ _
Andiam! andiam! co _ rag _ _ _ _
Andiam! andiam! co _ rag _ _ _ _
gio! cor _ riam cor _ riam
gio! cor _ riam cor _ riam in no _ stra
gio! cor _ riam cor _ riam in no _ stra

AMELIA
man................ bril - li l'ac - ciar............... pro - de e - qui -
man................ bril - li l'ac - ciar............... pro - de e - qui -
Ah! .... coll'au -
pro - de pro - - - de
- pag - gio pro - de pro - - - de
- pag - gio pro - de pro - - - de
FF

da - cia si ri - spo - - da e i
coll'au - da - cia si ri - spon - da e i
coll'au - da - cia si ri - spon - da e i
coll'au - da - cia si ri - spon - da e i
p Sta ben sta ben
Sta ben sta ben
nem - bi i nem - bi a do - mi - nar tutti all'
nem - bi i nem - bi a do - mi - nar
nem - bi i nem - bi a do - mi - nar
nem - bi i nem - bi a do - mi - nar
ma per di - sgra - zia
ma per di - sgra - zia

A
o - - - pra tutti all' o - - - pra poi -
tutti all' o - pra tutti all' o - pra poi -
tutti all' o - pra tutti all' o - pra poi -
tutti all' o - pra tutti all' o - pra poi -
ai fior di sua ghir - lan - da sic - come a sue can.
ai fior di sua ghir - lan - da sic - come a sue can.
A
- chè il pe - ri - glio è là è là.......................... è là
- chè il pe - ri - glio è là è
- chè il pe - ri - glio è là è là.......................... è là
- chè il pe - ri - glio è là è là.................. è
- zon di - già di -
- zon di - già di -
fp
fp
86
G 36551 G

2
è là è là e là o pro - di ma -
la e là an -
è là è là è là an -
là è là è là è là an -
- già di - già la be - van - da che m'i - ne -
- già di - già la be - van - da che m'i - ne -
FF
- ri - - nar an - diam co -
- - diam an - diam co -
- - diam fe - riam co -
- - diam fe - riam co -
- bria di - già che m'i - ne - bria m'i -
- bria di - già che m'i - ne - bria m'i -
FP
FF

A
- rag - gio! fe - riam, an - diam fe - riam!
- rag - gio! fe - riam, an - diam fe - riam!
- rag - gio! fe - riam, an - diam!
- rag - gio! fe - riam, an - diam!
- ne - bria di - già che m'i - ne -
- ne - bria di - già che m'i - ne -
A
fe - riam! il pa - trio suol noi sa -
fe - riam! il pa - trio suol noi sa -
fe - riam! il pa - trio suol noi sa -
fe - riam! il pa - trio suol noi sa -
- bria già m'i - ne - bria già che m'i -
- bria già m'i - ne - bria già che m'i -
tutta forza

I Fiamminghi esaltati stanno per iscagliarsi contro agli Spagnuoli.
-prem li-be-rar!
-prem li-be-rar!
-prem li-be-rar!
-prem li-be-rar!
-ne-bria di-già!
-ne-bria di-già!
Trombe sul palco
Ad un tratto sul peristilio del palazzo di città comparisce un uomo vestito di nero, solo e senza guardie. I fiamminghi si diradano e si accostano alle loro case lasciando spopolato il centro della piazza.
sottovoce
Il Duca d'Alba!
Il Duca d'Alba!
ALLEGRO (♩=152)
Il Duca d'Alba!
Trombe sul palco
Tamburo

AMELIA
Egli discende lentamente la grande scalea. I soldati si alzano, Daniele ed Amelia
ASSAI MAESTOSO MARZIALE
Ah!.... che vedo io mai!
oh! terror!
oh! terror!
oh! terror!
ASSAI MAESTOSO MARZIALE
pp e stacc.
rimangono soli verso il proscenio.
A
Sol ch'egli appaia, in _ colti gli ha il terror!
Ad un gesto del Duca, la piazza si sgombra; restano in scena soltanto il Duca, Daniele ed Amelia.
FF
pp

TERZETTO

„Popol fiacco„

(Per SOP. BAR. e BASSO)

AMELIA

pp

Cupo or - ro - re, m'angei

D

… … è decre - to del ciel! Po - pol fiacco,

f secca

p

A

pet - to, nel sen - tir - - mi al su - - o co

D

vil, ab - biet - to, che tra - - -

A

- spet - - to è il ti - ran - - - - no, il vil re -

D

- sa - - li il vo - ler che a te det - - -

p

-jet - to dal-la terra e dal ciel, dalla terra e dal ciel ....

-to è de-creto del ciel, è de-creto del

FF

FF

.... dal - la terra dal ciel!

ciel!

DANIELE

Del ti-ran vil, abbiet - - - -

pp

-to co-me truce è l'aspet - - - to tutto m'agita il pet - to...............

AMELIA

Ah! cu - poor

DUCA

Popol vil ed ab - bietto!

Da

.... ansia fie - ra, crudel! o mio nobil signo - - -

A

- ror a me strin - ge il pet - to nanzi all'uomo cru -

D

Da

- re, fu dell'empio il furo - - - re che squarcia va il tuo co - - -

pp

- del! O mio pa - - dre, o mio pa - -

Ne' lor fol - li ardi -

- re, che la lama fatal sul tuo capo piom - bò! sì fu lui .... questo

cres.

- dre, oh! mio pa - dre! chi nel sen raf -

p

- menti il gran giogo le genti invan tentan spez - zar ne' lor folli ardimen - -

reo che la lama fa - tal sul tuo capo piom - bò. Del tiran vil ab -

pp *dolce*

A
_fre - - - na dell' am - ba - scia la

D
_ti invan tentan le gen - - - - ti le......... ree gen - - -

Da
_biet - to come truce è l'a _ spet - - to del ti - -

A
pie - - - - na del ti _ ran...................... al co -

D
_ti il gran

Da
_ran! Tut _ to

-spet - - to che l'acciar ma-le-det - to sul tuo ca - po piom-
giogo spezzar!............... io li ten - go in mia
m'a - - - gita il pet - to an-sia fiera............... cru-
-bò del ti-ran del ti-
man in mia man in mia
-del! O mio nobil si-gno - - - re, fu dell'empio il fu-ro - - -

calando
A
-ran! ah! l'or - ror l'or - ror m'an-ge il
D
man li af - fer - ro, li strin - go in mia
Da
-re che squarciava il tuo co - re, che
FF
calando
A
pet - to nel sentir, ... nel sen - tir - mi al co -
D
man, sì li affer - ro, li stringo in mia man, sì li afferro, li strin - go
Da
la la - - - ma fa - tal sul tuo capo piom.
p

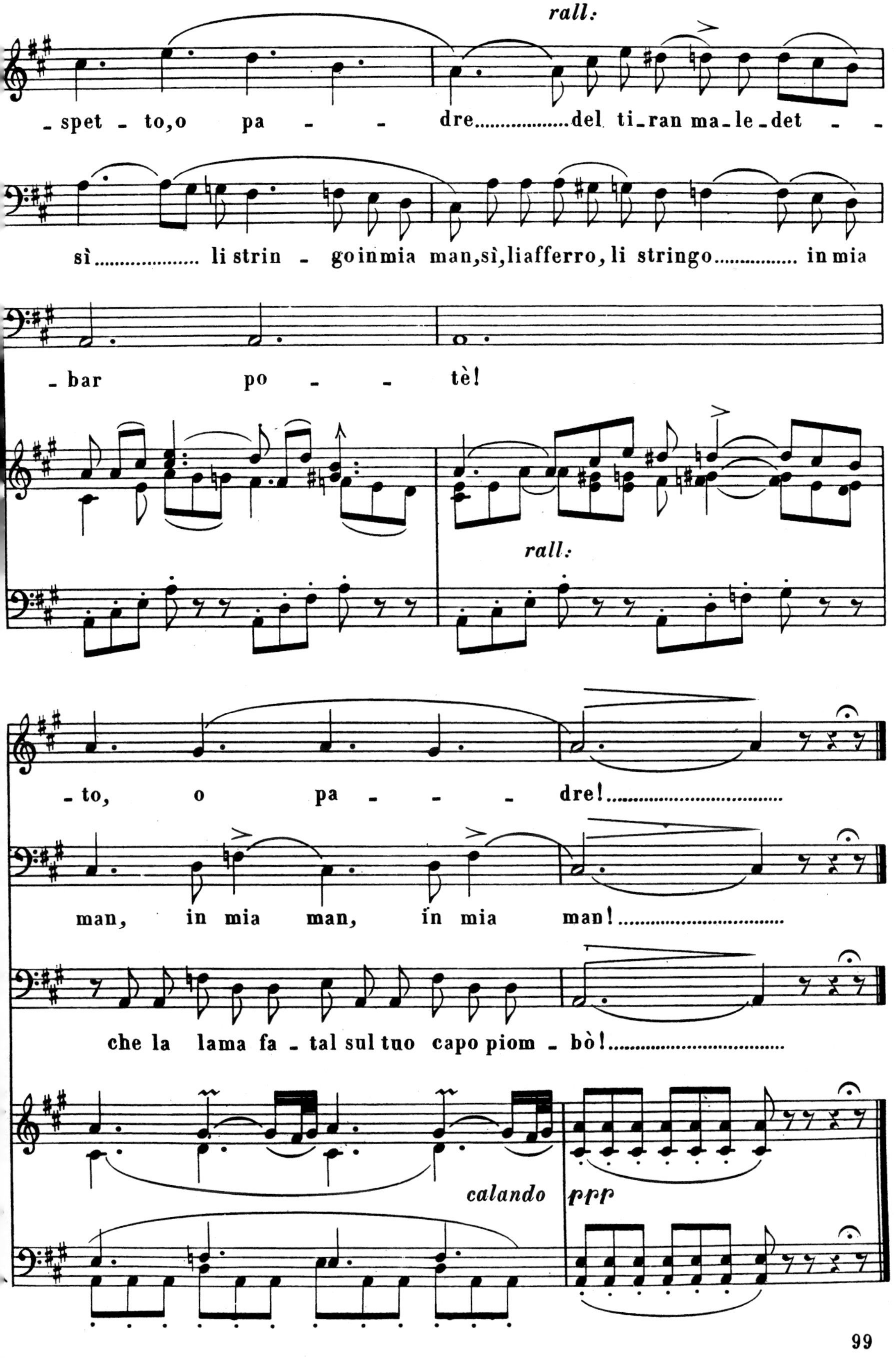

rall:

-spet - to, o pa - - dre...................del ti-ran ma-le-det - -

sì..................... li strin - go in mia man, sì, li afferro, li stringo................ in mia

-bar po - - tè!

rall:

- to, o pa - - - dre!....................................

man, in mia man, in mia man!..................................

che la lama fa - tal sul tuo capo piom - bò!..................................

calando *ppp*

Scena che precede il Duetto

FINALE I°

(Marcello giungendo dal fondo non s'avvede della presenza del Duca e accorre verso Daniele ed Amelia.)

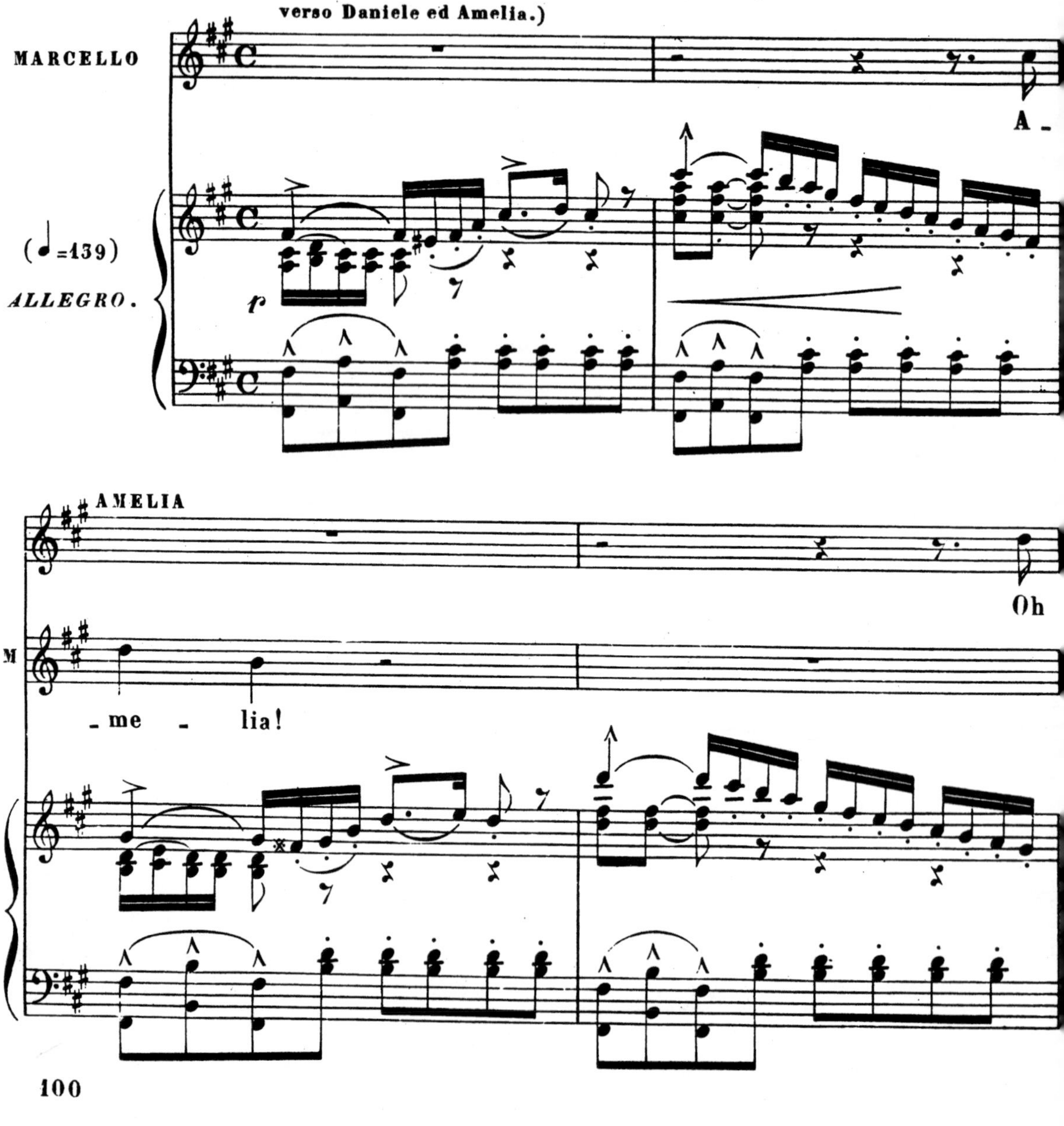

MARCELLO

A - me - lia!

(♩=139)

ALLEGRO.

p

AMELIA

Oh

M

DANIELE
ciel! oh ciel! tu quì! So - gno for - se non
MARC:
è? No! da Bru - ge io
giun - go.... qui - viaccor - so son

AMELIA
Che di_ci
M
io
li_be_ro so - no!
A
mai?
MARC:
Chei giu_ra - ti, cui
UN POCO MENO
FF
PP
M
fa tre_mar la ti_ran_ni - - - a, in_fi_di ai ri_ti
PP

AMELIA
Vero sa-ri - a!
lor, rei non ci procla-mâr! D'as-
pp
-sol - verci han o - sa - - - to!
FF
Ped.
LENTAMENTE
Nè temon lo scop-piar dell' a-tro nembo i-ra - - to!
F

M
IL DUCA
Se fiacchezza non
Meglio d'Alba sa - ri - a ammirar la cle - men - za....
M
fos - se! Il braccio suo ta - lor dal versar sangue
fr
AMELIA
(con terrore)
Silen - zio!
M
- man stan - co ri - po - sa per meglio poi fe - rir! E per -
f

-chè ta-ce-rei, o miei fi - di, con voi se no-to v'è qual odio in cor mi
LENTO
de - sti!
IL DUCA
Odio hai det - -
LENTO
FF
MARC:
E - d'uopo qual ne a-
- to! o gio - vin perchè, se nol co - no - sci?
p

M
-vrei? del suo-lo mio fla-gel tutto ei vuol ro-ve-sciar, tra stragi e tra tem
M
-pe-ste, dei pa-ti - bo-li sol sep - pe tra noi riz.
AMELIA
Im-pruden - te!
M
-zar! In che mai? Se sovra a' spal-di

rei qual - che fe - lice è ancor a me lo dee se - gnar!
tranquillamente
IL DUCA
Tu lo ve -
p
E do - ve?
- drai raffre - na il cie - co ar - do - re! nanzi a
AMELIA LENTO
Ciel! Mi par di mo - rir!
te!
Or ben! che non rispondi a
ff
p

M
Ah! nol poss'io! i-nerme io so-no!
(a Sandoval che esce dalla caserma con alcuni soldati)
D
me?
Sgombri
(a Marcello)
(Daniele ed Amelia entrano in casa. Mar-
-gnun!
tu.... sol dèi re-star!
MAESTOSO
pp
-cello ed il Duca restano in scena. Nel fondo Sandoval e i soldati coll'archibugio in spalla.)
ppp
ppp
ppp

SCENA e DUETTO

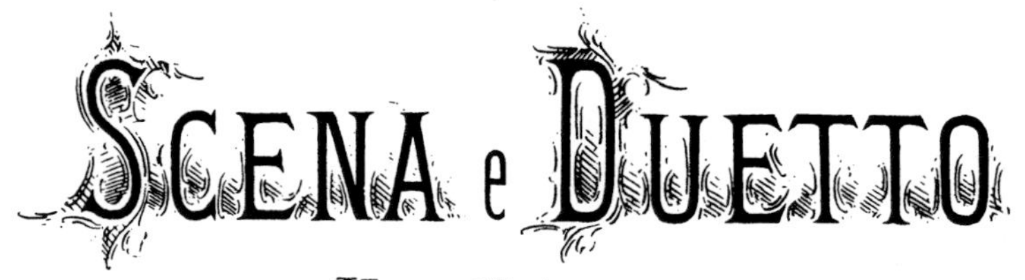

„Un vil io non son"

Per Ten. e Bar.

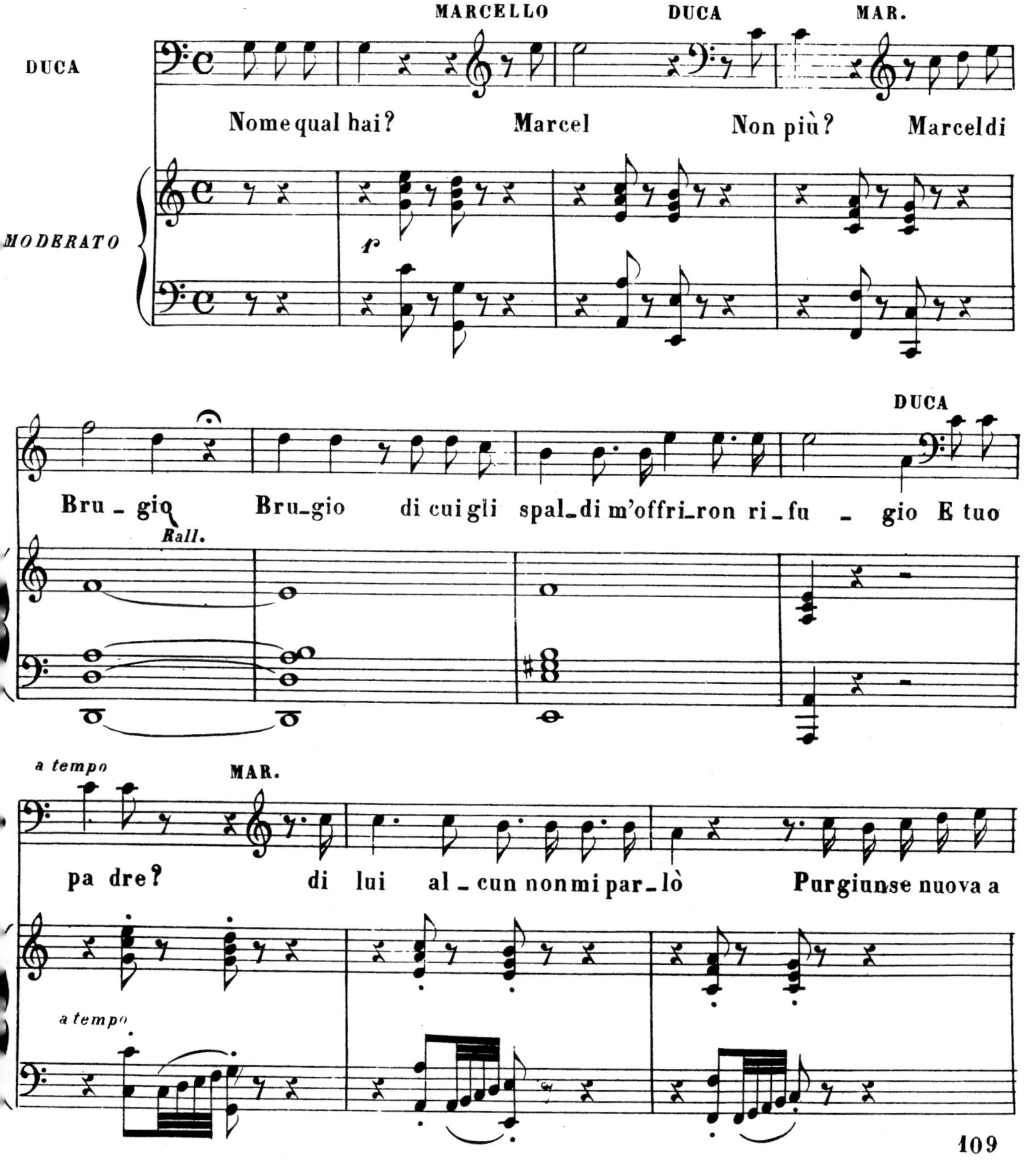
DUCA
MODERATO
MARCELLO
DUCA
MAR.
Nome qual hai? Marcel Non più? Marcel di
Bru - gio Bru - gio di cui gli spal - di m'offri - ron ri - fu - gio E tuo
Rall.
DUCA
a tempo
MAR.
pa dre? di lui al - cun non mi par - lò Pur giunse nuova a
a tempo

rallentando un poco

M: me che dal no_stro bel suol dal crude_le in_va_sor fi_nì bandi_to i

rallentando un poco

M: mi_se_ri suoi gior_ _ _ni!

D: E tua madre? ri_spondi!

M: Ah! me la tolse il cie_lo e già un anno pas_sò ch'io la per_

ALLEGRO
F
-de - a ahimè..........
Ma ti ri_trove - rò
o
ALLEGRO
FF
ma - dre! o ma - dre! ahi - mè!
REC.VO
Pure pria di mo-
MODERATO
rir alle ma_ni d'Egmont non t'ebbe un dì fi - dato?
MODERATO

M
Sì quel no_bile Egmont, quell'e
M
roe REC.vo sul sentier dell'o_nor i pas_si miei guidò A
D
quel ribel le
FP
M
fi_ni suoi fedel mi sia sacro mo_dello se non la vita la sua morte almen tutto o
F
M
sai l'i_ra tua or può squarciarmi il sen
FP
tr

LARGHETTO (♩ = 88)
Un vil io non so - no ben so che il tuo cor................... ignora il per-
p
do - - - no.......... nè provo, nè pro - vo ter - ror! Salir vo' da
p
for - te il pal-co fa - tal è bel-la la mor - te pel suolo na-
A Tempo DUCA
tal! Dei bal-di ar-di - men - ti mi abba-glia l'ar-
A Tempo
p

D
_dor............................ di_spre_gia i tor_men _ ti il fie_ro suo
poco affrett.
D
cor........................ la pa_tria sol ve _ de si_cu_ro di
poco affrett.
D
se la sua no _ bil fe _ de non cer_ca mer_
cres e affrett.
D
cè la sua no _ bil fe _ de no, non vuol mer_
cres e affrett.

_cè, la pa_tria sol ve _ de si _ cu_ro di sè, ah.................
un vil io non so _ _ _ _ no, ben so che il tuo
.... se _ cu_ro di se!
dei baldi ardimenti
cor...
ignora il per do _ _ _ _
mi abbaglia il for _ te ardo_re
dispregia i tormen _

M
no, nè pro_vo nè pro - - - - vo ter-
D
ti il fie_ro suo cor la sua no - bil fe_de non
M
ror salir vo'da for - te il palco fa - tal e bel_la la
D
vuol non cerca mer_ce - de
cres.
rall.
ben marcato
rall un poco
M
mor - te pel suo_lo na - tal, sì pel suol, pel suol na_tal
D
no non cer_ca mer - cè!
FF

per la patria saprò mo_rir
per la patria ei sa mo_rir!
FF
io saprò..........
F
per la pa_tria saprò mo_
per la pa_tria sua mo_rir
F
per la pa_tria saprà mo_
rir!
rir!

MODERATO (♩ = 116)
D
Di_sfi_da_to tu
MODERATO
D
m'hai
ma pu_nir_ti nonso pietà m'i_
D
spi - - - ri
MARCELLO
Tu? com_pianger_mi?
F
P
DUCA
Sì!
ho pietà di tanto error
e

gra - to m'è se - gnar all'a - quila im - pa -
pp
F
zien - te per nuo - vo vol un i - gno - ra - to
pp
F
pp
F
ciel! di lau - ri di lau - ri cin - ge -
p
rai, fi - da in me, le tue robu - ste a -

9859

M
D
La glo - ria?
nel - la è - la glo - - - ria, o garzon!
ov'è mai el - la?
Là
do - vedu - ce io sto!
Al fianco mio tra più

a piacere
me? me?
LENTO
pro - di ti vo - glio e a -
Io ser - vir l'oppressor? ser -
vra - i da me per - don
LARGHETTO (♩ = 88)
vir l'oppres - sor? Sì vil io non so - - -
ANDANTE

M
_no................. nonvoglio mercè.. abborro il per
D
Ah! dei folli ardimen _ ti m'abbaglia l'ar_dor
M
do _ - - - _no................ che viene da te! che viene da
D
dispregia i tormen _ ti il fiero suo cor! il fiero, il fiero suo
M
te!......... salir vo'da for _ te il palco fa_tal è bella la
D
cor di_sdegna il per_do _ no non
cres.
F

mor _ te pel suo_lo na _ tal sì, pel suol, pel suol natal!
vuole mercè,
il reo quasi
FF
ah! sì, bello e il morir
bel lo il mo rir pel suol na_
son, il giu _ dice e_gli è
non vuol perdon, non vuol mer_
p
ALL° MOSSO
tal!
ce!
SANDOVAL
(avanzandosi)
Più a lungo a che sof _ frir il bas_so oltrag_gio?
ALL° MOSSO (♩ = 144)

RECᵗᵒ
D
S
No! li_be_ro lo
quel ca _ po si fac _ cia ca _ der!
FF
voglio
nè chiedo in cambio a te, o protervo garzon
riconoscente a
FF
fet _ to
sol
pel tuo solo
ben
ascol_ta
un motto an_cor!...

I.° TEMPO
additando la casa di Daniele
Or_ben?
Non vedi tu quella magion?
I.° TEMPO (♩ = 166)
F
Co_là non dè_i inoltrar il tuo
F
p
per_chè mai?
per_chè mai?
piè!
no, nol
FF
FF

D
dèi! pa_ven _ ta pel tuo cor! un ar
M
oh ciel!
D
do _ re in_sen_sa _ to ti per de _ rà! fuggi co_
M
E il dritto hai tu?
D
le _ i te lo im_pon _ go fuggi co_

giam-
le - i! io lo vo'! io lo vo'!
mai! i miei pal-pi-ti ar-den - ti uman po-ter interrogar non può! Di me
MODto GIUSTO (♩ = 120)
stes - so io son si-gno - re al-tra leg - ge a me non
MODto GIUSTO
p
Fp

M
do, seguo i vo - ti del mio co - re ter -
M
ror che sia non so!
D
Di per do - no tor_na
M
no
D
de - gno, ob_be_dir tu de_via me! Fuggi
fp
tr

lam - po del mio sde - gno, O Marcel, o guai a
Ah! di me stes - so son si-gnore al - tra
te!
FF
POCO PIÙ (♩ = 139)
legge a me non do!
Se pre - me a te il tuo
POCO PIÙ
F

M — no! no!

D — ben scor - da co - le - i

M — no!

D — scor - - - da co - le - i, o sventu - ra a

M — Di me

I. TEMPO (♩ = 120)

M — stes - sò son si - gno - re al - tra leg - ge a me non

D — te!

I. TEMPO

fp

fp

do! seguo i vo - ti del mio cor ah! ter -
sventu_ra a te!
ror che sia non so!
di per_do - - - no tor_na
fp
no!
de - gno, ob_be_dir tu de_via me! fuggi i
fp
tr

D
lam - pi del mio sde - gno, o Mar_cel, o guai a
tr
tr
M
ah di me stes - so son si_gno - re il ter_
D
te!
o guai a te!
F
(♩=168)
PIÙ ANIMATO
M
ror che sia non so! ah! no ter_ror che sia non
D
o guai a te! o guai a te!
(♩=168)
PIÙ ANIMATO
FF
FP

so un al_tra leg - ge a me non
o guai a te! o guai a
FF
do, terror che sia non so, terror che sia non
te! o guai a te! Marcel o guai a
so, terror che sia non so, non al_tra leg - ge io
te! o guai a te! Marcel o guai a

M
vo' al _ tra leg _ ge non vo' no non
D
te! ah Mar _ cel _ lo o guai, guai a
tr
tr
tr
(si avvia verso la casa di Daniele)
M
vo'
REC:
D
te! frenarsa_prò la te_me_ra ria voglia ... diquel o_
FP
F
D
stel nondeivarcar la soglia Lo impongo a te io Du _ ca

(giunto alla porta della casa)
di me stes - so son si - gnore la tua
A TEMPO MENO MOSSO
(con cenno di minaccia)
d'Al - ba!
ah Mar -
A TEMPO MENO MOSSO
ALLEGRO
leg - ge a me non do!
(fa cadere il martello)
CALA LA TELA
cel sven - tu - ra a te!
ALLEGRO
FF

9859

ATTO II.

CORO D'INTRODUZIONE

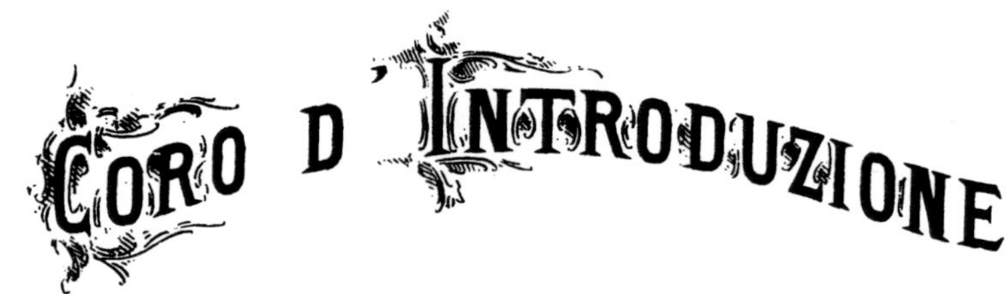

La scena rappresenta l'interno della birreria di Daniele. A dritta, tini, lambicchi e fornelli. A sinistra, tavole, sedie, e l'uscio della stanza di Amelia. Nel fondo la porta di strada. Gran finestra con invetriate gotiche.

All'alzarsi della tela, tutti gli operai addetti alla fabbrica sono in moto.

Daniele va su e giù, invigila e dirige i lavori.

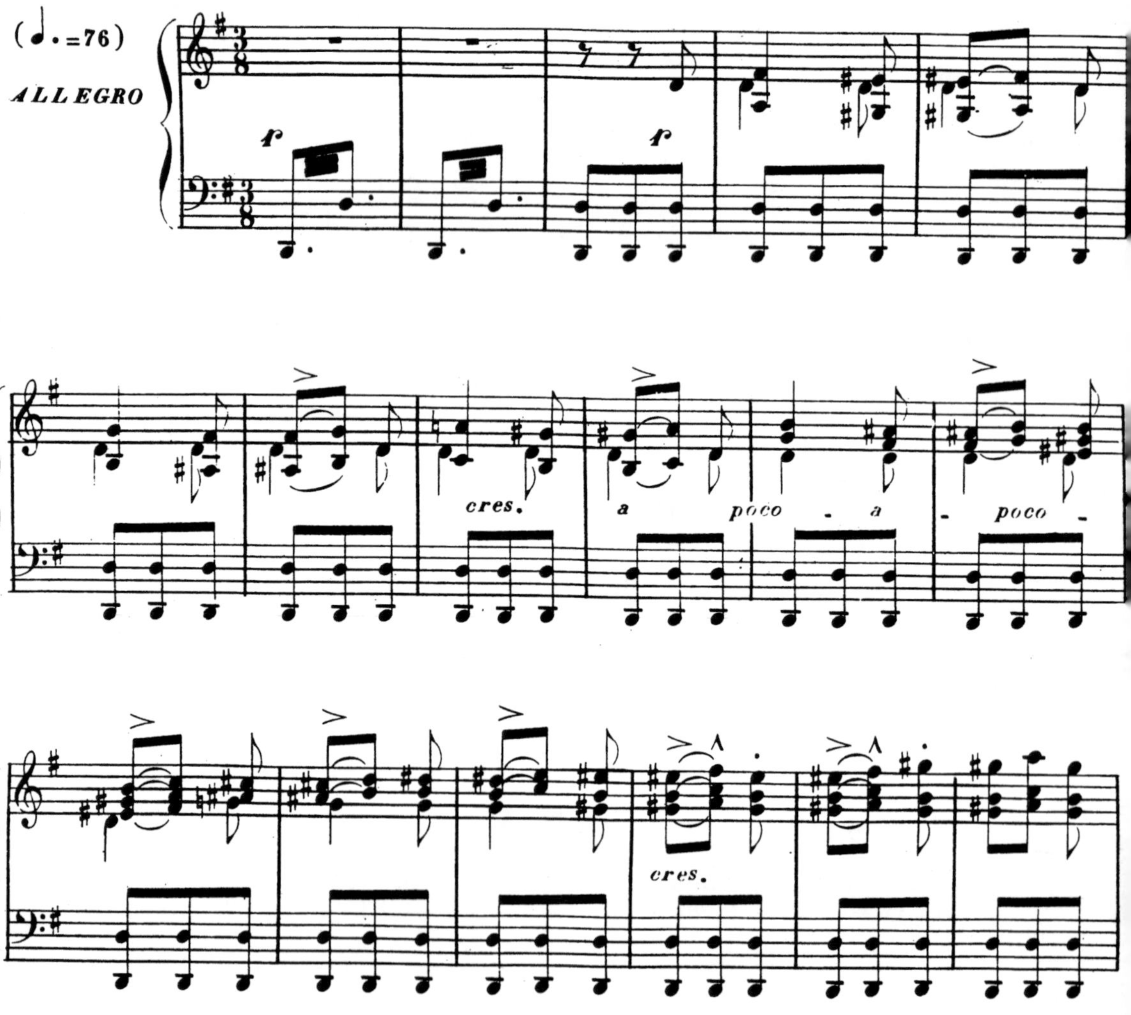
(♩. =76)
ALLEGRO
cres. a poco a poco
cres.

Tenori
CORO DI OPERAI
Li - quor che in-gan-na, del vin l'eb-brezza pien
Bassi
Li - quor che in-gan-na, del vin l'eb-brezza pien
FF con brio
di tri-stez - za ci la-scia il cor, i sen - si af-
di tri-stez - za ci la-scia il cor, i sen - si af-
-fan-na e d'o - gni li-te e del - la vi - te
-fan-na e d'o - gni li-te è del - la vi - te

cau_sa l'u_mor! Vi _ va la bir_ra!

cau_sa l'u_mor! Vi _ va la

f leggero

1.mi 2.di Tutti

Vi_va! Vi_va! Vi _ _ va!

bir_ra! Vi _ _ va!

f

f

te _ tri pen_sie_ri da'suoi bic_

te _ tri pen_sie_ri

f

-chie-ri nascer non pon, da' suoi bic-chie-ri nascer non pon...
da' suoi bic-chie-ri nascer non pon...
F
F
So-mi-glia a mir-ra, nè ma-i con-su-ma la dol-ce
So-mi-glia a mir-ra, nè ma-i con-su-ma la dol-ce
FF
spu-ma la tua ra-gion! vi-va la bir-ra
spu-ma la tua ra-gion! vi-va la bir-ra
mf

vi - - va vi - va la bir - ra vi -
vi - - va vi - va la bir - ra vi -
cres.
- va te - tri pen - sie - ri, da' suoi bic -
- va te - tri pen - sie - ri,
- chie - ri nascer non pon da' suoi bic - chie - ri nascer non pon!
da' suoi bic - chie - ri nascer non pon!

F
So - - - miglia a mir - - ra nè ....
2i. Soli
La .... dol - ce
.... mai con - su - - ma
F
spù - - ma giam - mai .... la tua ra -

1.i Soli
gion! Vi - va la bir - ra
Vi - va
vi - va la bir - ra li -
li -
quor che in - gan - na del vin l'eb -
quor che in - gan - na del vin l'eb -

F
_brez _ _ za Li _
F
_brez _ _ za Li _
_quor che in _ gan _ na, del vin l'eb _ brez _ za pien
_quor che in _ gan _ na, del vin l'eb _ brez _ za pien
FF
di tri _ stez _ za ci la _ scia il cor... I
di tri _ stez _ za ci la _ scia il cor... I

sen - si af - fan - na e d'o - gni li - te è
sen - si af - fan - na e d'o - gni li - te è
del - la vi - te cau - sa l'u - mor,
del - la vi - te cau - sa l'u - mor,
F
ah! sì, l'u - mor! ah!
F
ah! sì, l'u - mor! ah!
FF

vi - - va la bir - - - - - - - - - - ra vi - - - - - - va!
vi - - va la bir - - - - - - - - - - ra vi - - - - - - va!
con forza e brio
secca
FFF
secca

(contemplando gli operai al lavoro)
DANIELE
Colà ferve l'o - pra ed il can - to! alcun pen -
ANDANTE
D
- sier alcun pensier non li tra - va - glia nulla ho a far con co -
D
- stor... l'ar - tigian mi ci vuol si - len - te e pen - sa -
MODto. ASSAI
(movendo verso coloro che non lavorano)
D
- tor! Che! non lavo - ri

più?
UNA PARTE del CORO
A qual fin? sotto un padrone
A qual fin? sotto un padrone
Sperar convien!
che a suo gra_do di_spon d'ogni be_ne fra noi? noi spe_
che a suo gra_do di_spon d'ogni be_ne fra noi? noi spe_
FF

D
v'ha for_se v'ha
_rar? spe_me non v'ha
_rar? spe_me non v'ha
D
for_se si spe_ri o_gnor! ad al_tri an
D
_cor la rea ca_te_na è gra_ve
Che attendon più? che attendon
Che attendon più? che attendon

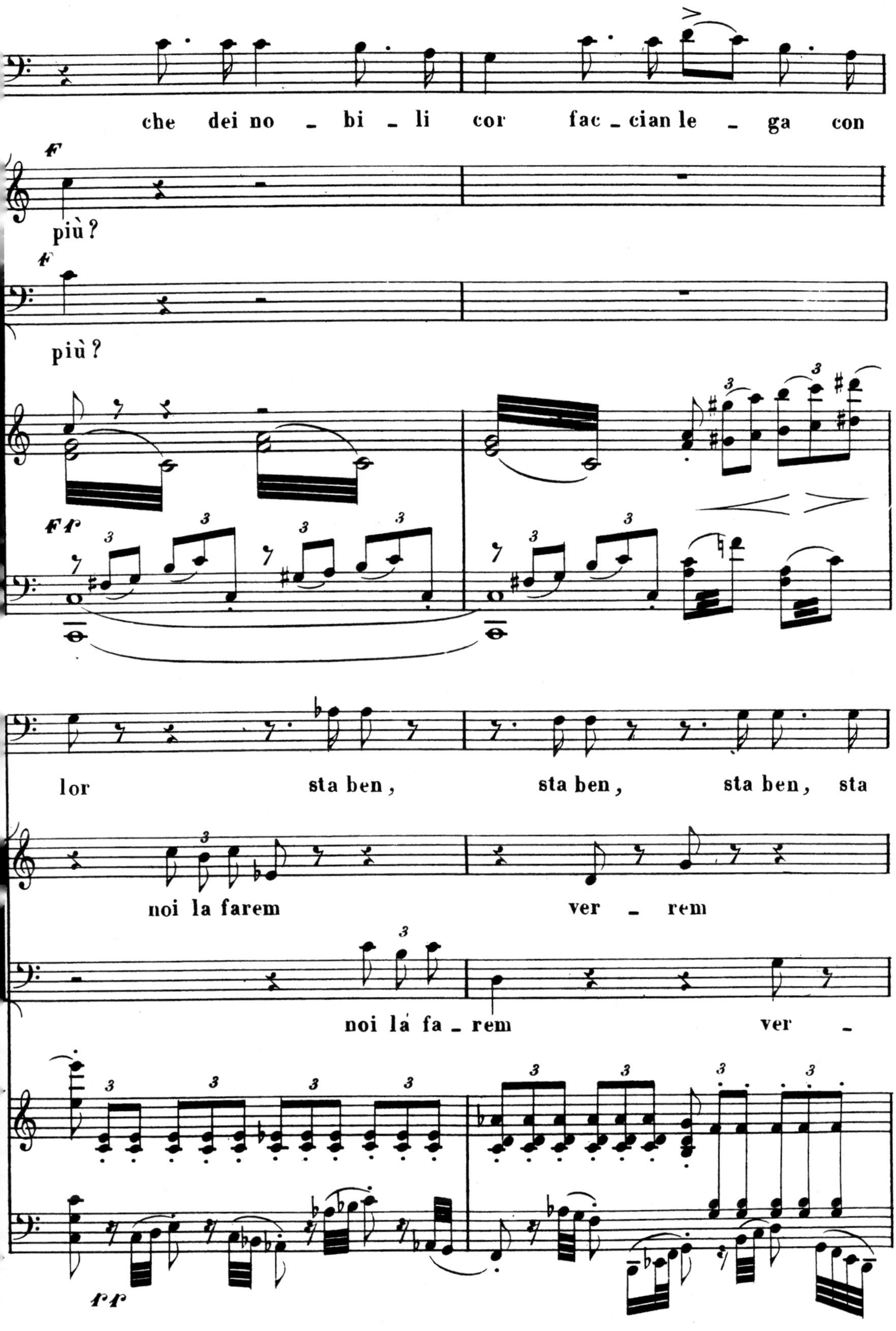

che dei no - bi - li cor fac - cian le - ga con
più?
più?
lor sta ben, sta ben, sta ben, sta
noi la farem ver - rem
noi la fa - rem ver -

Recit.
MOD.to
D
ben! Sino d'or io conto su di voi. Ma sin al dì del_la ven_
sì!
_rem!
FF
D
_det _ ta ci vuol pru _ den _ _ za! non ci o_da al
FF
FF
LENTO
D
_cun all' o_pra lor vi dove_te asso_ciar.
FF
FF

MODERATO (♩= 92)
Liquor di - vin! net - tar gio - io - so a quan - ti
siam deh! ver - sa in cor la vo - lut - tà che dà il ri -
- po - so e mai non sa che .... sia do - lor!
rall.
Liquor di -
Liquor di -

D
vin, net - tar gio - io - so, a quan - ti siam deh! ver - sa in
vin, net - tar gio - io - so, a quan - ti siam deh! ver - sa in
D
F
Ognor e mai non
ff
cor la vo - lut - tà che dà il ri - po - so e mai non
ff
cor la vo - lut - tà che dà il ri - po - so e mai non
ff
F

I.º TEMPO (♩ = 76)
rall.
sa che sia do - lor!
sa che sia do - lor!
sa che sia do - lor!
I.º TEMPO
rall.
f
Vi - va la bir - ra!
Vi - - va!
cres. - - - - - - - - - - -

da' suoi bic - chier na - scer non pon Li - quor che in - gan - na, del vin l'eb - brez - za pien di tri -
te - tri pen - sie - - - ri
na - - scer non pon Li - quor che in - gan - na, del vin l'eb - brez - za pien di tri -
cres.
ff

_stez _ za ci la _ scia il cor... I sen _ si af _
_stez _ za ci la _ scia il cor... I sen _ si af _
_fan _ na e d'o _ gni li _ te è del _ la
_fan _ na e d'o _ gni li _ te è del _ la
vi _ te cau _ sa l'u _ mor, ah! sì,
vi _ te cau _ sa l'u _ mor, ah! sì,

il cor! ah! vi - - - va la
il cor! ah! vi - - - va la
FF
bir - - - - - - - - - - - -
bir - - - - - - - - - - - -
- ra vi - - - - - - va!
- ra vi - - - - - - va!
secca
FFF
Campana

SCENA e ROMANZA

„Ombra Paterna„

(PER SOPRANO)

D
-pre - sa!
Tenori
Ad-di-o ma - estro! il la-vo-ro a do-man!
CORO
(escono)
Bassi
Ad-di-o ma - estro! il la-vo-ro a do-man!
p
(comparisce Amelia sulla porta di sinistra che apre a metà)
AMELIA
Sei tu so-lo?
DANIELE
Lo son!
pp
pp

RECIT.vo
Perduti siam no_i, Mar_
Or qual secre_to ter_ror lo spirto t'agita?
RECIT.vo
risoluto
_cel!
tratto venne in ar_resto, n'ebbi la triste no_
Ebben, fa_vel_la?
Ciel!
dopo la parola
_vella or or,
Raccogli i
no_bil cor che la morte ven_ti vol_te sfidò

A
tuoi, di lor ch'egli è prigion che pe'suoi gior_ni io tremo....
Ah - i! se conces_so non c'è sal_var_lo perirem co
(Daniele esce)
esso!
ALL°.
F
dim:
dim:

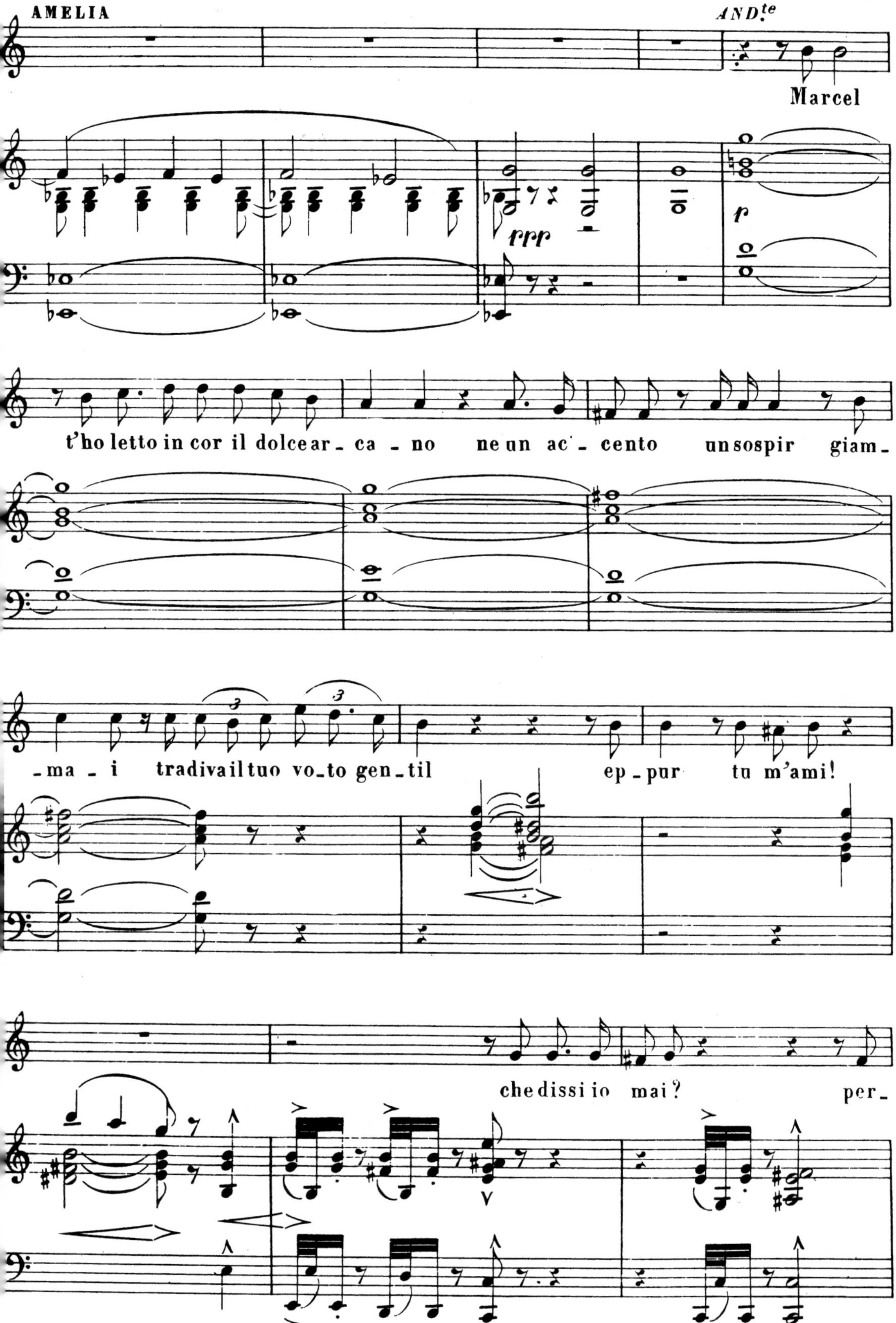
AMELIA
AND.te
Marcel
ppp
p
t'ho letto in cor il dolce ar_ca_no ne un ac_cento un sospir giam_
_ma_i tradiva il tuo vo_to gen_til ep_pur tu m'ami!
che dissi io mai? per_

A
-chè nel pronunziar quel no - me o - gni mia

A
fi - bra trasa - li - scein cor!

LARGO (♩ = 46)

Corni.

pp

A
dolce

Om - bra pa - ter - na, a me per - do - na

p

pp

A
tr

se nuo - vo af - fan - no an - ge il mio cor.........................

s'ha un al - tra spi - na la mia co - ro - na, s'in-
- vo - ca il ciel il ciel no - vel do - lor!
pp
pp dolce
AMELIA
Ah! grazia, o pa - dre, è pu - ro, è san - to

A

l'ar-dor che af-fan-na il mio so-spir! ei

A

fa sgor-gar sì a-ma-ro il pian-to!

f *ff*

POCO PIÙ

A

Gra-zia per es-so! ei dee mo-rir!......................... ah! grazia,

affrett: un poco

rall:

A

gra-zia o pa-dre, o pa-

cres:

PIÙ MOSSO (♩ = 72)
-dre non dee mo-rir! Ma
pp leggero
no! troppo è grande l'af-fan - - - -
-no nè tu puoi tal mer-ce-de a me ne-
-gar! O pa-dre egli ab-

A
-bor - re il ti-ran - - - no e la tua
fin giu-rò di ven-di-car! o pa-
accel. e cres.
-dre ei lo giu-rò giu-
rall.
FF
-rò di ven-di-car!
I° TEMPO
pp
dolce

Quan - do per noi, del
cul - to tuo de - vo - to, affron - ta, ahi las - - so il
gran mar - tir...........
ah! non è fal - lir al -
f
p
- zar al cie - lo un vo - to, o pa - dre
affrett.

9859

(ella cade in ginocchio)
a mezza voce
ei dee mo_rir pre_ghiamo o pa - dre...........
.... ei dee mo - rir pa - dre mio, pa - dre mio te sol, te sol per vendi
-car ei dee mo_rir ah!......o padre, pa - dre mi_o pre_ghiam sta
per mo_rir, sta per mo_rir!...............................
dim:
rall:
seg: il canto
calando

Scena e Terzettino della Ronda

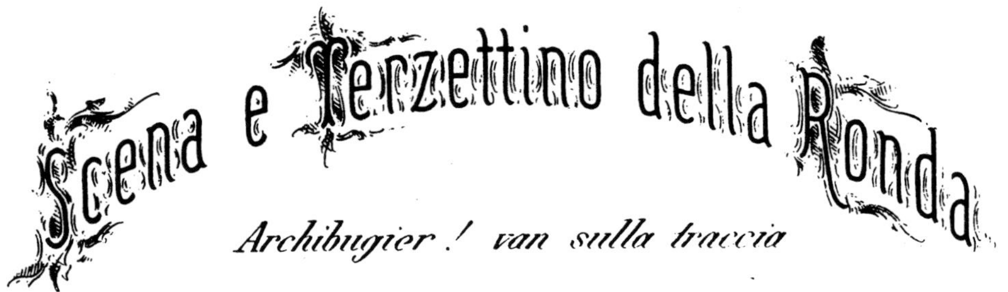

Archibugier! van sulla traccia

(Per SOP. TEN. e BASSO)

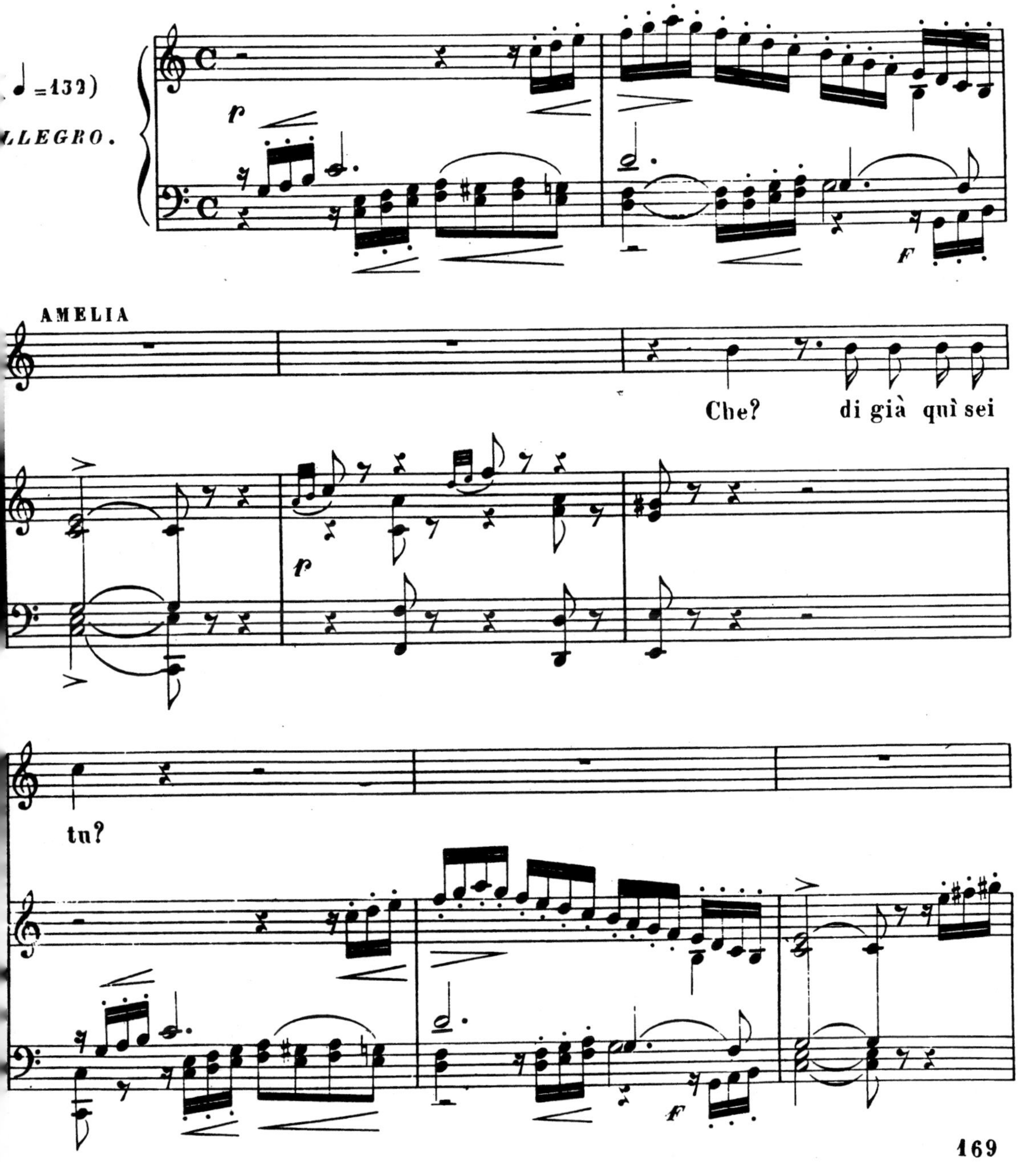
(♩ =132)
LLEGRO.
p
F
AMELIA
Che? di già quì sei
p
tu?
F

DANIELE
RECIT.vo
Non ti tradisca un mot_to non ti
RECIT.vo
D
sfugga un sospir! Io fur_ti_vo ince_dea al_lor che a
ANDANTE
p
D
me vi_cin senza rumor un'om_bra guizza.... un
fp

pro_de a cui propizio il ciel con_ces_se sotto al foco assassin di sertar la pri_
AMELIA
MOSSO
Ebben?
_gion! tra le mie braccia ei cade creduto ho di so_gnar nel ravvi_
MOSSO
(Marcello comparisce avviluppato in un
ALLEGRO
Daniel....... non m'ingan_nar! quest'uomo? Chi mai è?
_sar _ lo è presso a te! quivi ei
ALLEGRO

mantello)
AME:
MARCELLO
stà!
Ciel!
A
AME:
MODERATO ASSAI
Esaudita m'hai tu ombra santa pa - ter - na!
M
- me - lia!
Ame - lia!
DAN:
(♩ = 92)
MODERATO ASSAI
Pi
D
pian! non far ru - mor!

DAN:
Più pian, più pian!
ben stacc: e *p*
nell' om - bra nongliodi tu
venir?

AME:
p
Archi - bu-gier
MARC:
p
Archi - bu-gier
D
p
Archi - bu-gier
van sul - la
rp
A
van sul - la trac - cia
quell'or - da rea ti dà la
M
van sul - la trac - cia
quell'or - da rea mi dà la
D
trac - cia
quell'or - da rea ti dà la

cac - cia! Si_len - zio!
cac - cia! Si_len - zio!
cac - cia! Si - len - zio! ei
ei pas - san sono quì, sono quì, sono
ei pas - san sono quì, sono quì, sono
pas - san so_no quì, sono quì, sono

(Si vede la ronda Albanese che passa)
A
qui!
M
qui!
D
qui!
fz
AME:
Nell' om - bra
MAR:
Nell' om - bra
DAN:
No! nell' om - bra ei son scom.
dim: sempre

ei son scompar - si
ei son scompar - si
-par - si
Dio di bon-
Dio di bon - tà!
di noi
Dio di bon-tà!
di noi
-tà!
di noi
fp
p
fp
p
f
p

A
M
D
pie - - - - - - - - - tà!
pie - - - - - - - - - tà!
pie - - - - - - - - - tà!
dimin:
pp
p
E - sau -
p
Scompar - si son, stan
(guardando dalla finestra)
p
Scompar - si son, stan già lon - tan!

_di _ ta m'hai tu!
già lon _ tan!
(guardando sempre)
Stan già lon _
rall:
pp
Dal ciel o ge _ ni _ tor!
pp
Stan già lontan di quà!
pp
_tan! sì, stanno già lontan di quà!
rall
a Tempo

A
oh
ciel!
gra - - - - - zia!
M
oh
ciel!
gra - - - - - zia!
D
oh
ciel!
gra - - - - - zia!
fp
A
gra - - zia!
fp
M
gra - - zia!
fp
D
gra - - zia!
fp
pp

Scena e Duetto

„Ah! sì, l'ardente affanno„

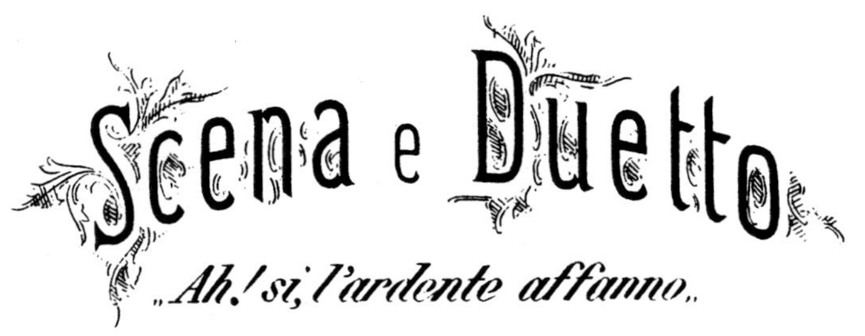

Per Sop. e Ten.

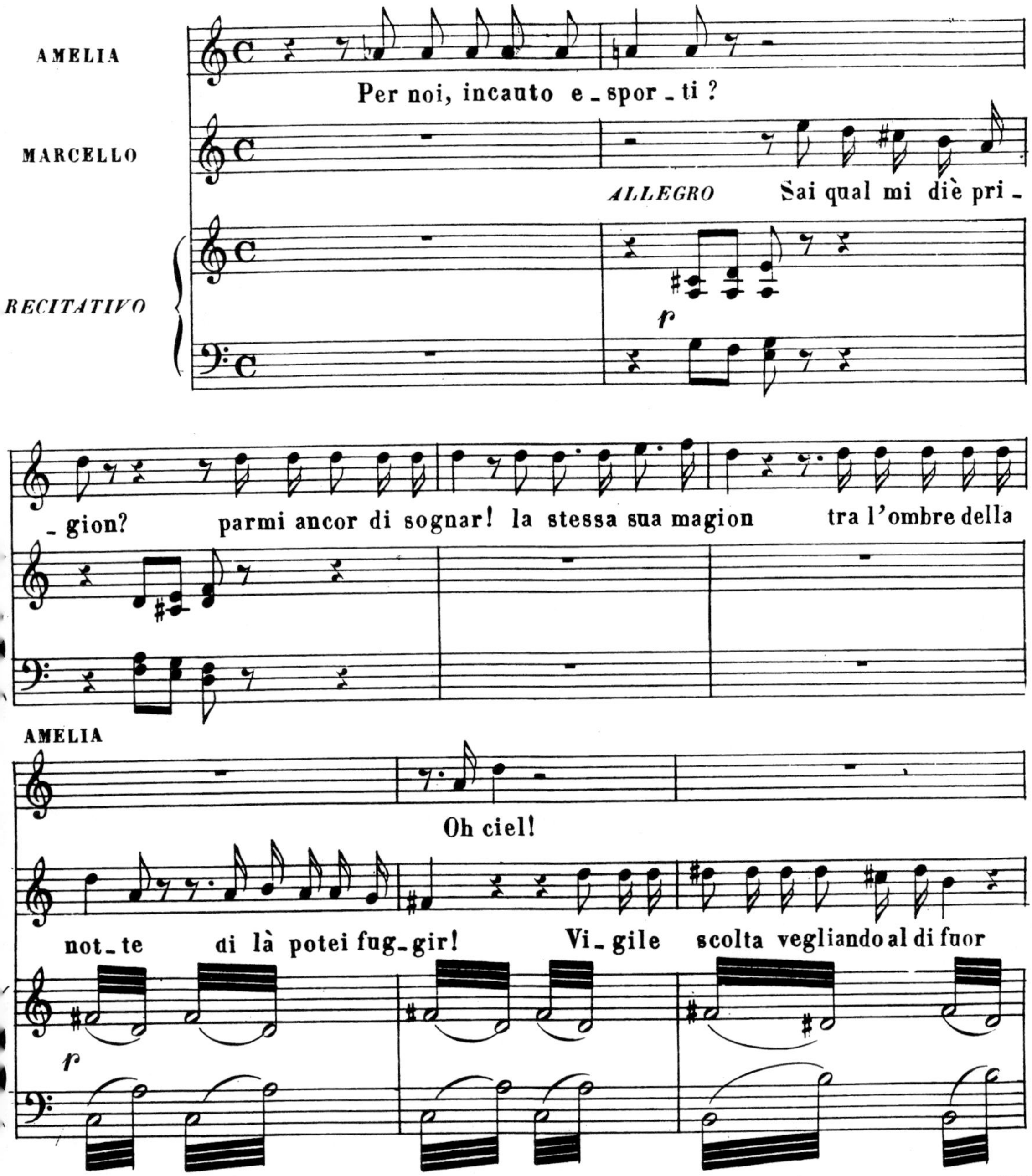
AMELIA
MARCELLO
RECITATIVO
Per noi, incauto e_spor_ti?
ALLEGRO
Sai qual mi diè pri_
_gion? parmi ancor di sognar! la stessa sua magion tra l'ombre della
AMELIA
Oh ciel!
not_te di là potei fug_gir! Vi_gile scolta vegliando al di fuor
r

ANDANTE
M
de'miei passi al rumor a ca _ so l'arma e _ splo _ se ma il
ciel.................. mi pro_teg_gea!.. ei fe' più... tra le
ALL°
p
(♩=144)
ALL°. stacc.
mu _ ra dell'e_se_crato o _ stel un ar_ca _ no sco _ vrii che al gran fin può gio.
(a Daniele)
_ var! In du _ giar più non dè _ i ai fi_di no_stri

(Daniele esce)
va e li rac_co_gli quà! va... va...
ALLEGRO
F
sf
sf
F
sf
cres. a poco a poco
FF
calando e rall.

9859

AMELIA
(♩ = 112)
MODERATO
Qual
rall.
a Tempo
dar, qual dar po_trei com_pen_so, Mar_cel al tuo........... va_
rall.
a Tempo
A
_lor?
MAR.
Un
M
sol, un sol, su_blime, im_men_so che è d'o_gni ben mag_

AMELIA
Per - chè............. mi guardi e tre - - mi? qual
- gior!
p
chie - di a me mer - ce?
Dei pal - piti........... su -
affrett. un poco
- pre - - mi of - frir l'o - mag - gio a
p e legato

A
M
Che ascol_to?
1º TEMPO
te È un arca _ no fa _ ta _ le un blasfe _ ma che i
sfp
sen giurai di seppel_ lir ma pria che spunti il dì col mio pu_
p
p
_gna _ le nel colpir il ti_ran la man mi può fal_

legato
-lir ed il mi - se-ro sa che a- -
-vrà un so-spir di per - do - no, se
rall.
sta per mo - rir, di per - dono un so - spi - ro, un sol so-
col canto
-spi - ro se sta per mo-rir!

MAR.
LARGHETTO (♪ = 100)
p
pp
Ah
sì, l'arden_te af _ fan _ no ce_lar po_tea sin
or che a te fa di gran dan _ no e che
stra _ zia il mio cor........................ e che stra _ zi_a il mio
p
fp

cor.......................... a - mor..............amor.............. su - bli - me
pa - ra - di - sial............so - spir ch'ogni fal - lir - re -
fp
affrett.
- di - - me e il ciel può sol pu - nir, solo il ciel, solo il
fp affrett.

AMELIA
rall.
Ah! pie_ta_de u_
ciel sì solo il ciel, può il cie_lo pu_nir!
rall.
_gua _ le eb_bi se_pol_ta in cor.......................... am_
_ba _ scia ce_le_stia _ le che mi met_tea che mi mettea ter_

_ror che mi met _ te _ a ter _ ror................... ma scom_
_ pa _ re o_gni te _ ma o _ ve appressa il mar_
_ tir ah........................ In sua pie_tà su _ pre _ _ ma
MAR.
Il ciel so _ lo il ciel può pu_

affrett. un poco
rall.
A
Dio non ci può pu - nir, Dio stesso, Dio stes - so non ci
M
- nir!
sfp affrett. un poco
rall.
A
può, non ci de - ve pu - nir!
rall.
M
Tu tor - ci gli occhi
p
col canto
M
tuoi
udendo i miei de - li - ri...
deh! un raggio di pie.
mf

affrett. a poco a poco

-tà dal guardo tuo traspi - ri Ame - lia io t'a-

affrett. a poco a poco

cres.. a poco a poco

-do - ro e non chie - do a'tuoi piè che il dritto di pugnar e di mo-

p cres. a poco a poco

AME.

O pa - dre

-rir di morir per te! A - me - lia, io t'a-

8

FF

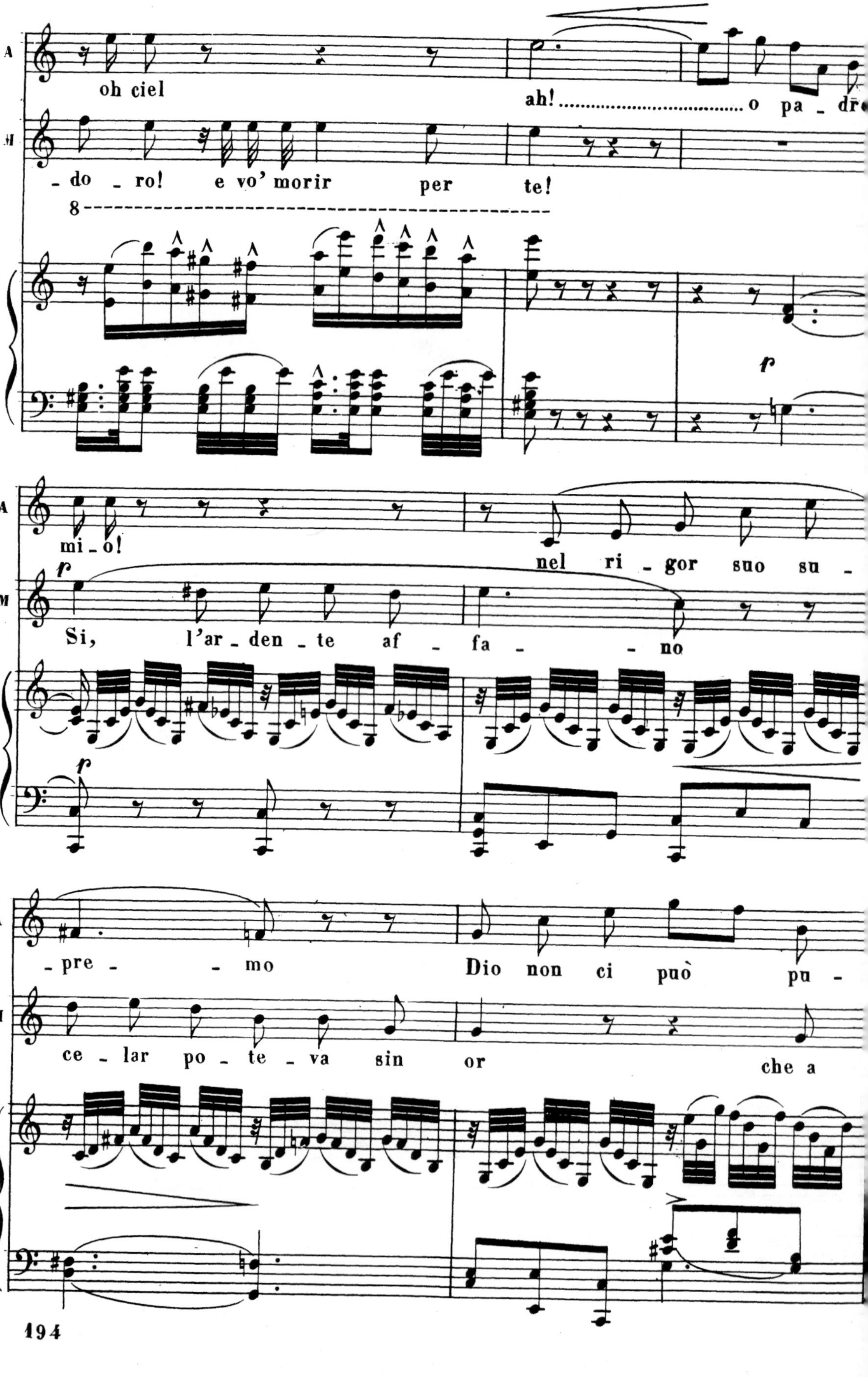

A
oh ciel ah! .... o pa - dre

M
- do - ro! e vo' morir per te!

A
mi - o! nel ri - gor suo su -

M
Si, l'ar - den - te af - fa - no

A
- pre - mo Dio non ci può pu -

M
ce - lar po - te - va sin or che a

_nir
pie_ta_de u_gual
te fa si gran dan_ _ _no e che
ho se_pol_ta nel cor!
stra_zia, che strazia il mio cor, e che stra_zia il mio
ho se_pol_ta nel co_re pie_ta_de u_
cor, il mio cor!

a piacere
A
_gua _ _ _le che mettea _mi ter_ror che mettea _ mi ter
M
il mio cor! e che strazia il mio cor, ah! che stra _ zia il
ALLEGRO (♩=176)
A
_ ror!
Sventura _ ta, pro_
M
cor!
ALLEGRO
pp
A
_scrit _ ta mi sfuggi _ va la gen _ te
pp
p

e pa_u_ro_sa ri _ tor _ ce _ va il piè!
tu sol, Mar_cel, fosti me_co clemen _ te, tu
sol o _ sa_sti dir: t'affida, o don _ na in
fine! ed or, che fra brev' o _ ra ci a_

A
-vrà l'a-vel se-pol - ti, a tan - ta tua pie
-tà
RECIT.
ingra-ta reste-rò?
a Tempo
no! no!
FF
F
no!
E dall'al-to del ciel, donde ve-di ed a-
LARGHETTO
PP
-scol - ti, pa-dre mi - o! o d'Eg-mont da te perdono a-
FF

ALL°. VIVACE
- vrò!
MAR.
Un de_li - rio non è?
ALL°. VIVACE (♩ = 176)
pp
cres.
. . a . . . poco . .
oh! mia no - bil si - gno - ra
io che gra - do non
a . . . poco . . . .
ho nè for - tu - - - na
FF

AME.

Mar_cel, ven _ di _ ca il pa _ dre

M

io che sol ven_tu_rier a te sa_

fr fr

A

Mar_cel, ven _ di _ ca il pa _ dre

M

_crai mia fè e la mi _ se _ _ ria

fr

lunga

A

Mar_cel, se il fa _ i

M

mi _ a

f

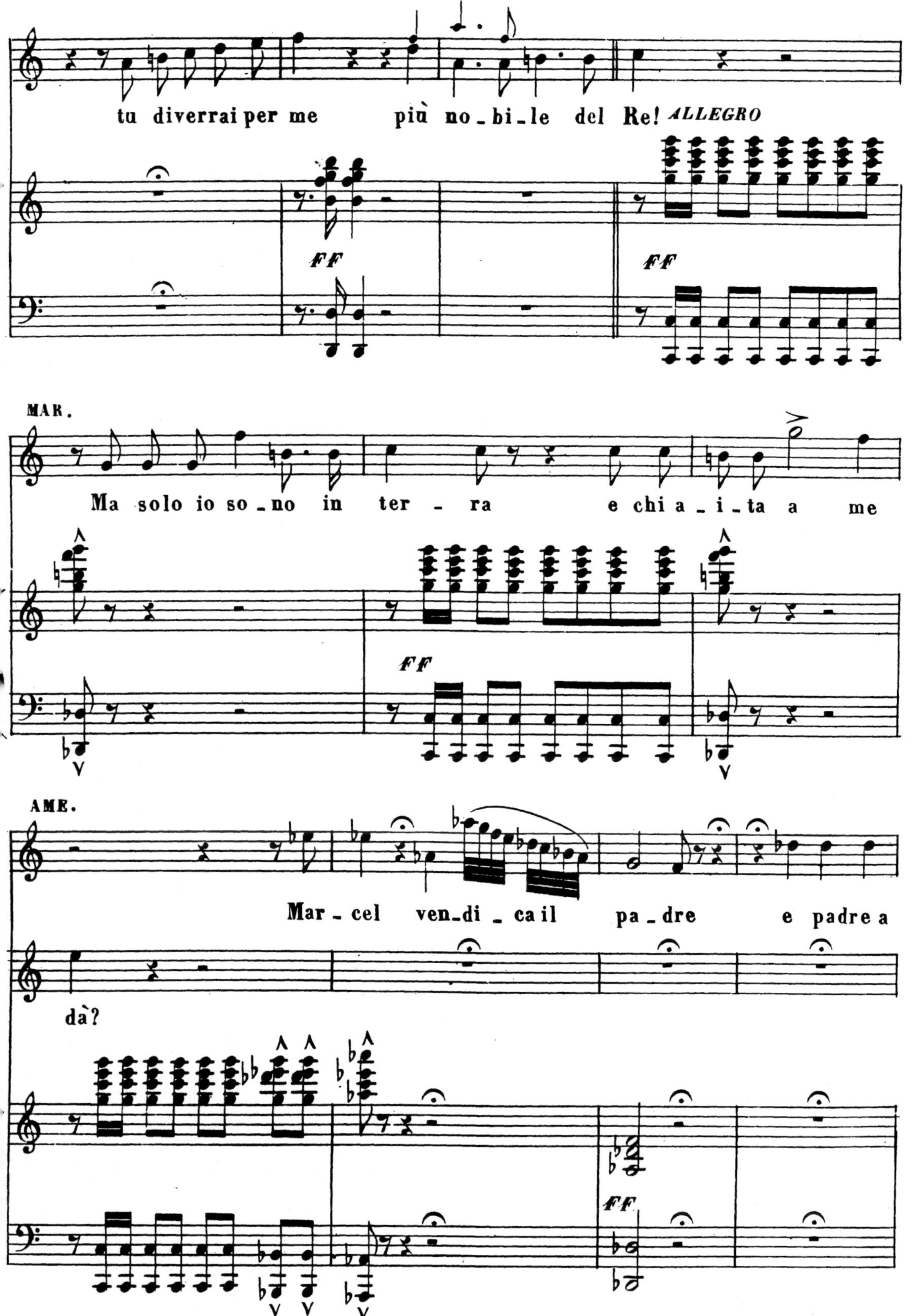
tu diverrai per me più no_bi_le del Re!
ALLEGRO
FF
FF
MAR.
Ma solo io so_no in ter - ra e chi a_i_ta a me
FF
AME.
Mar_cel ven_di_ca il pa_dre e padre a
dà?
FF

ALL.º MOD.to (♩=128)
A
te, allor sa - rà! Del pa_trio suol o mar_tir
(con entusiasmo)
M
Ah!.................. Del pa_trio suol o mar_tir
ALL.º MOD.to (♩=128)
pp
f
p
san_to, ab_bi pie_tà del no_stro schianto, dal ciel con_
san_to, ab_bi pie_tà del no_stro schianto, dal ciel con_
_so_la il no_stro pian_to ah sì, dal
_so_la il no_stro pian_to ah sì, dal ciel...............................

ciel soccor - ri a me, soc - cor - ri a me!
soccor - ri a me, soc - cor - ri a me! Tut - to si
Tut - to si
pro - stri al brac - cio mi - o,
pro - stri al brac - cio su - o!
combat - te - rò..... di - nanzi a

A
combat - te - rà............. dinan - zi a Di - o
M
Di - o
il ge - ni -
r
fp
A
il ge - ni - tor ah sì per vendi -
M
- to - re per ven - di - car
A
- car chi m'è padre tuo sa -
M
chi t'è padre mio sa - rà
f

f
ral ah! Del pa-trio suol o mar-tir
ah! Del pa-trio suol o mar-tir
san-to, ab-bi pie-tà del no-stro schianto dal ciel con-
san-to, ab-bi pie-tà del no-stro schianto dal ciel con-
-so-la il no-stro pian-to, ah! sì dal ciel soc - corri a
-so-la il no-stro pian-to, ah! sì dal ciel soc - corri a

POCO PIÙ (♩=160)
me! combat - te - ra - - - i dinan - zi a Di - - -
me! combat - te - rò.................. dinan - zi a
POCO PIÙ
F
A
- o combat - te - ra - - - i dinan - zi al cie - - -
M
Di - o combat - te - rò..................... per ven - di -
A
F
- - - - - - - lo per mio pa - -
M
F
- car tuo padre tuo pa - - - dre tuo padre a ven - di -
FF

- dre combat - te - ra - - - i dinan - zi a Di - - -

- car combat - te - rò...................... dinan - zi a

- o combat - te - ra - - - i dinan - zi al cie - - -

Di - o combat - te - rò...................... per ven - di -

- - - - - - lo per mio pa -

- car tuo pa - dre tuo pa - dre tuo padre a ven - di -

A
-dre, sì, mio pa-dre
tuo sarà
sì, mio pa-dre
M
-car
sì, tuo
padre
mio sa-rà
sì, tuo
FF
A
ah!
mio
pa-dre il
tu-o
sa-rà,
il
tu-o
sa-
M
padre ah!
tuo
pa-dre il
mi-o
sa-rà,
il
mi-o
sa-
A
-rà
M
-rà
sempre FF
FFF

(Daniele e il Coro di operaje borghesi compariscono nel fondo)

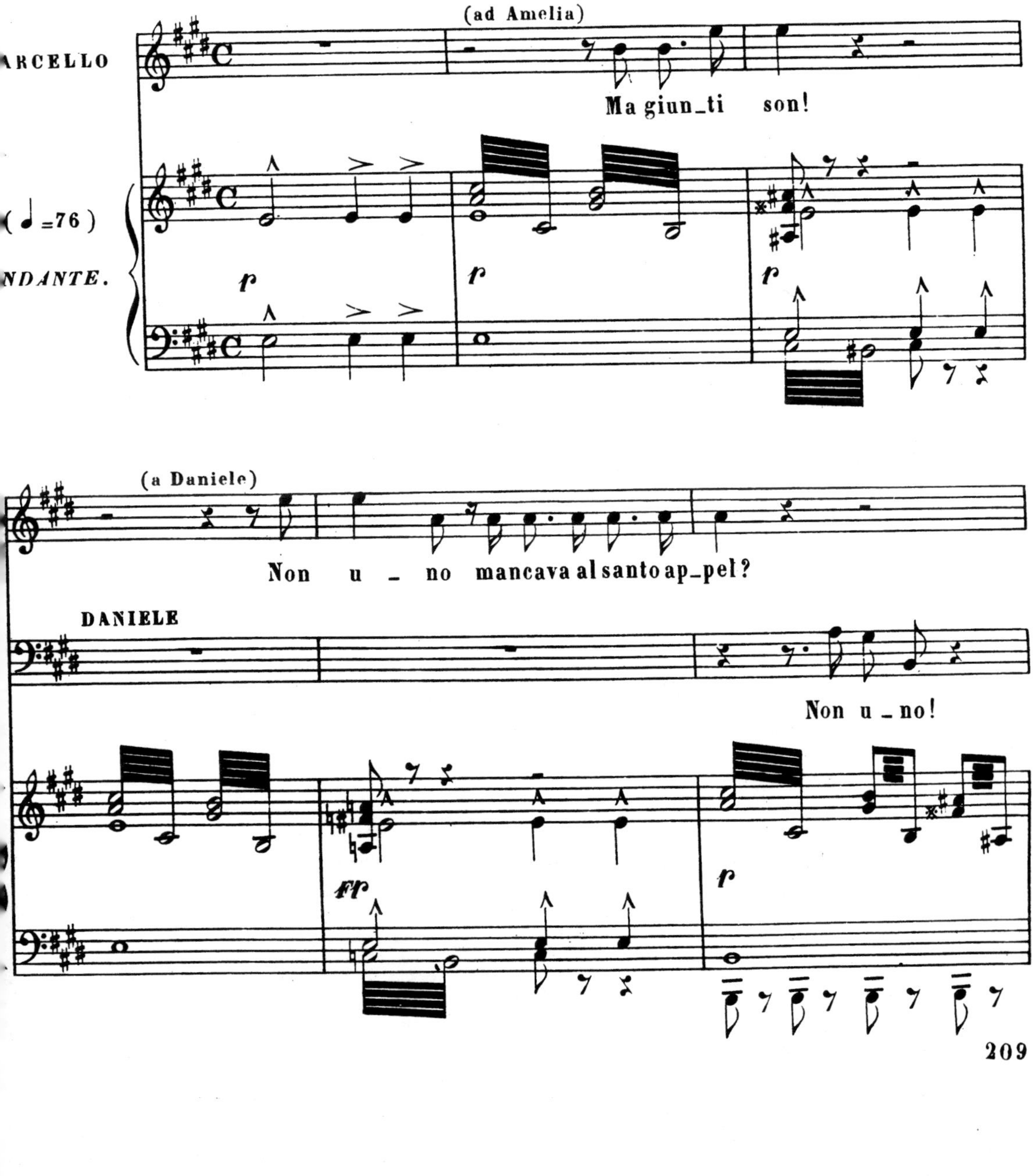

(ad Amelia)

ARCELLO

Ma giun_ti son!

(♩ =76)

NDANTE.

p *p* *p*

(a Daniele)

Non u - no mancava al santo ap_pel?

DANIELE

Non u - no!

fp *p*

M

D

Non si fac - cia ru-

o-no - re a tan-to zel!

M

-mor chiudansi i va-ni e si spen-gan le fa-ci, nulla scopra alti

M

-ran - no che i fie - ri Bel - gi congiuran-do stanno!

pp

pp

(i Congiurati si avanzano lentamente)

pp

Ten: I.mi
pp
E spenta o _ mai la e_stre_ma
Ten: II.di
pp
È spenta o _ mai la e_stre_ma fa _ _ _
Bassi I.mi
pp
È spenta o _
Bassi II.di
pp
È spenta o _ mai la e_stre_ma fa _ _ _ ce, e
p
pp
fa _ _ _ ce, è.......................... spen _ ta
_ _ _ ce, spenta o _ mai spen _ _ _ ta
_ mai la estre_ma fa _ ce, è spen _ _ _ ta
spen_ta o_ma _ _ i la fa _ _ _ ce
p

nè giun_ge a te, se tut_to ta - - - -

nè giun_ge a te, se tut_to

nè giun_ge a

_ce, che il so_spir del..................... do_lor.....................

ta - - ce, ta_ce, che il so_spir, so_spir.....................

nè giun_ge a te, se tut_to ta_ce, che il so_

te, se tut_to ta - - - - ce, che il so_

POCO PIÙ (♩ = 100)
.... del sol do _ lor!
.... del do _ lor!
_ spir del do _ lor! Se la li _ ber _
_ spir del do _ lor! Se la li _ ber _
POCO PIÙ
stacc:
Se la li_ber_tà ci a _ du _ na
Se la li_ber_tà ci a _ du _ na
_ tà ci a _ du _ na onta a chi trema e a chi
_ tà ci a _ du _ na onta a chi trema e a chi
pp
pp

on _ ta a chi trema e a chi ge _ _ me da
on _ ta a chi trema e a chi ge _ _ me da
ge _ _ me da _ van _ _ ti all' op _ pres
ge _ _ me da _ van _ _ ti all' op _ pres
cres . . a . . poco
accel: un poco
_ van _ ti all' op_pres_sor da _ van_ti all' op _ pres _
_ van _ ti all' op_pres_sor da _ van_ti all' op _ pres _
_ sor on _ ta a chi tre _ ma da_van_ti all' op _ pres _
_ sor on _ ta a chi tre _ ma da_van_ti all' op _ pres _
cres:

_sor! On _ ta a chi tre _ ma da_
_sor! On _ ta a chi tre _ ma da_
_sor! On _ ta a chi tre _ ma da_
_sor! On _ ta a chi tre _ ma da_
FF
(♩= 66) MAESTOSO
_van _ ti all' op _ pres _ sor! Sacroun
_van _ ti all' op _ pres _ sor! Sacroun
_van _ ti all' op _ pres _ sor! Sacroun
_van _ ti all' op _ pres _ sor! Sacroun
MAESTOSO
vibrato

giu _ ro insiem ci ser _ _ ra, giu_riam, a sal_var que_sta

giu _ ro insiem si ser _ _ ra, giu_riam, a sal_var que_sta

giu _ ro insiem ci ser _ _ ra, giu_riam, a sal_var que_sta

giu _ ro insiem ci ser _ _ ra, giu_riam, a sal_var que_sta

F F

ter _ ra, giu_riam, giuria_mo in _ siem............... giuriam di

F

ter _ ra, giu_riam, giuria_mo in _ siem............... giuriam di

F

ter _ ra, giu_riam, giuria_mo in _ siem...................

ter _ ra, giu_riam, giuria_mo in _ siem...................

FF

vin - - cer
o di mo-
vin - - cer
o di mo-
giuriam di vin - cer
o di mo-
giuriam di vin - cer
o di mo-
POCO PIÙ
rall:
MARCELLO
Più pian, più pian,
più pian, più pian, a-mi-ci miei, non ciò da al-
DANIELE
Più pian,
più pian!
-rir!
non più sof-frir,
non più sof-frir!
-rir!
non più sof-frir,
non più sof-frir!
-rir! giuriam,
giuriam!
-rir! giuriam,
giuriam!
POCO PIÙ

AMELIA
I.º TEMPO (♩=76)
È spenta o_mai l'e_stre_ma
M
cun..
È spenta o_
D
È spenta o_mai l'e_stre_ma fa_ _ _
È spenta o_
È spenta o_mai l'e_stre_ma
È spenta o_mai l'e_stre_ma fa_ _ _
I.º TEMPO (♩=76)

fa - - - ce spen_ta è la............ fa - - -
_mai l'e_stre_ma fa - - - - ce è..... spen - -
_ce è........................ o _ ma - - i la fa - - -
_mai l'e_stre_ma fa - - - - ce è.... spen_ - -
fa - - - ce spen_ta è la............ fa - - -
pp
È spenta o _ mai l'e_stre_ma fa _ ce è spen - - -
_ce è........................ o _ ma - - i la fa - - -

POCO PIU (♩ = 100)
A
M
D
p
_ce, nè giunge a te, se tutto
_ta, nè giunge a te,
_ce, nè giun _ ge a te, se tut _ to ta _ ce...............
_ta, o _ di sol
_ce, o _ di sol
_ta, o _ di sol
_ce, o _ di sol
POCO PIÙ (♩ = 100)
pp

ta - ce, che il so - spir
se tut - to ta - ce, che il.......... so -
che il sol so - spir! Sven - tu - ra, in - fa - mia al vil che
il so - spir il so -
il so - spir il so -
il so - spir il so -
il so - spir il so -

A
M
D
p
ahi - mè! o - di il sol so -
- spir del do - - -
tre - ma che tre - ma da - van - ti all' op - pres -
- spir del do - - -
- spir del do - - -
- spir del do - - -
- spir del do - - -
p

p
_spir o _ di il sol sospir! Sven _ tu _ ra a chi
p
_ lor che il so _ spir del duolo il sol so _ _
p
_ sor! è vil........................... è vi _ le chi
p
_ lor! è vil è vil co _ lui che tre _ ma da _
p
_ lor! è vil è vil co _ lui che tre _ ma da _
p
_ lor! è vil è vil co _ lui che tre _ ma da _
p
_ lor! è vil è vil co _ lui che tre _ ma da _
pp

A
tre - ma da - van - ti all' oppres - sor! nè
M
- spir il sol so - spir! Sventu - ra a chi tre - ma nè
D
tre - - - ma è vil, è vil co - lui che
- van - ti all' op - pres - sor, è vil, è vil co - lui che
- van - ti all' op - pres - sor, è vil, è vil co - lui che
- van - ti all' op - pres - sor, è vil, è vil co - lui che
- van - ti all' op - pres - sor, è vil, è vil co - lui che
cres:

sa col_pir il tra _ di_tor!
sa col_pir il tra _ di_tor! Giu_
trema, è vi _ le chi tre _ ma da _ vanti all' op_pres _ sor!
trema, è vi _ le chi tre _ ma da _ vanti all' op_pres _ sor!
trema, è vi _ le chi tre _ ma da _ vanti all' op_pres _ sor!
trema, è vi _ le chi tre _ ma da _ vanti all' op_pres _ sor!
trema, è vi _ le chi tre _ ma da _ vanti all' op_pres _ sor!
pp

LENTO
A
M
-riam,
giuriam di vin - cer, o mo-
D
Giu-riam,
giuriam di vin - cer, o mo.
LENTO
Giu-riam,
giuriam di vin - cer, o mo.
Giu-riam,
giuriam di vin - cer, o mo.
Giu-riam,
giuriam di vin - cer, o mo.
Giu-riam,
giuriam di vin - cer, o mo.
LENTO

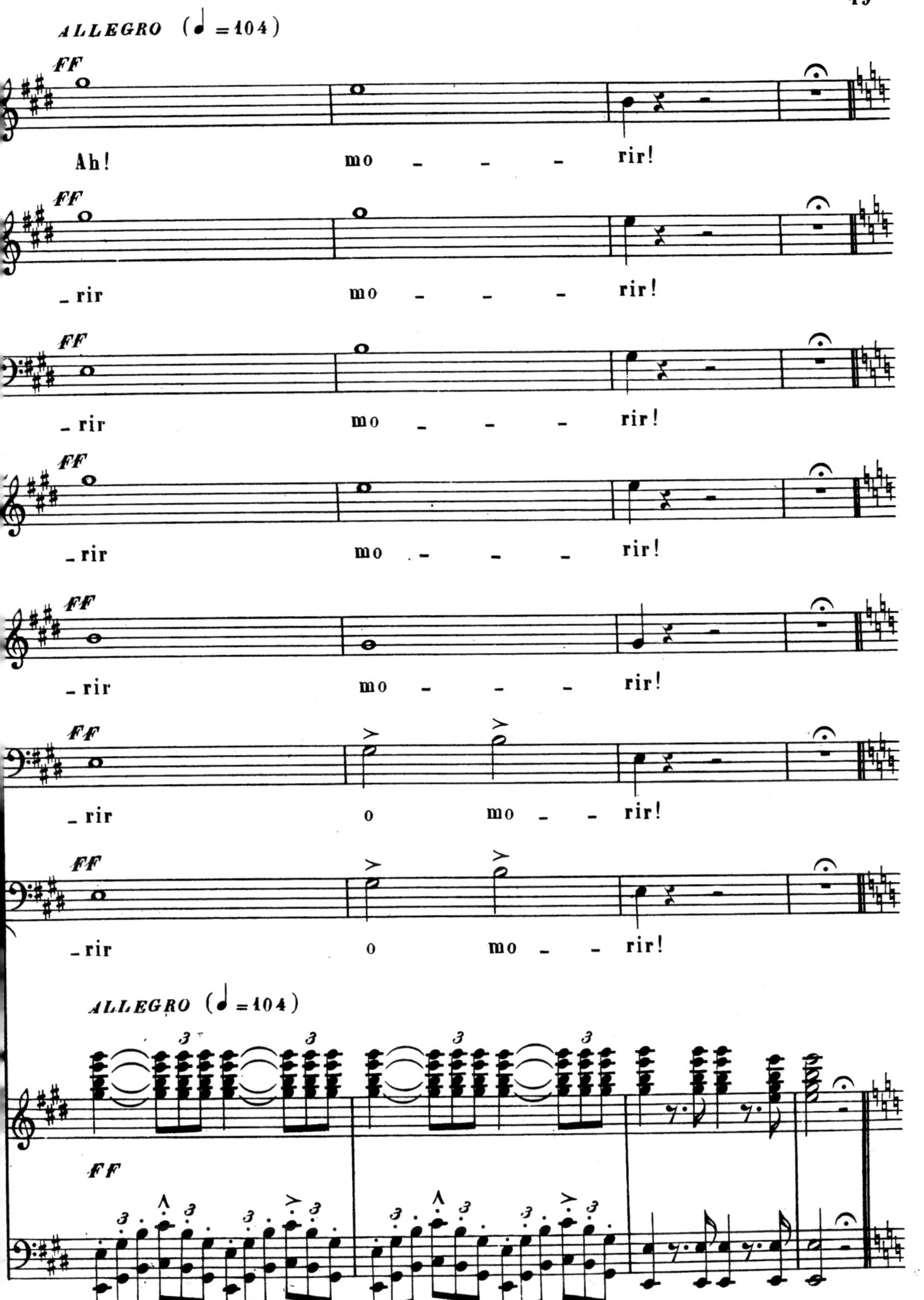
ALLEGRO (♩=104)
FF
Ah! mo - - - rir!
- rir mo - - - rir!
- rir mo - - - rir!
- rir mo - - - rir!
- rir mo - - - rir!
- rir o mo - - rir!
- rir o mo - - rir!
ALLEGRO (♩=104)
FF

(Alcuni operai hanno disposte delle sedie in semicerchio. Tutti si siedono. Marcello ed Ame
ALLEGRO (♩ = 144)
p
lia a sinistra, sul davanti della scena. Daniele a destra.)
pp
MARCELLO
Or_sù! l'o_ra d'o_prar per sì no_bi_le fi_ne
RECIT.vo
p

l'o_ra della ven_det_ta per noi suonata è al_fi - - ne! Questa
r
notte (io lo so, l'ho po_tu_to veder) nel suo re_gale o_stel offre il Duca una
fe_sta; nulla ei teme e tra i gai tintinnar dei bic_chier al mio pugnal ul_
ANDANTE
_tor e_spon l'o_dia_ta te_sta scover_ta nel giar_
pp

M
_din ho un passag _ gio se _ gre _ to che do _ ve ferve il bal _ lo può guidar i miei
M
pas _ si. Moviam, mo _ viam e il vil suo cor man fiammin _ ga tra _
FF
M
_ pas _ si! Io! ne segnai la sorte, ne'bracciou _
DAN:
Chi lo colpi _ rà?
Ten:
Chi lo colpi _ rà?
CORO
Bassi
Chi lo colpi _ rà?
F

(ad Amelia)
MAESTOSO
_man può sottrarlo alla morte! Chè detto l'hai: ven_di_ca il
padre vendica il padre e diverrai per me più no_bi_le del Re!
ALL°. VIVACE (𝅗𝅥 = 92)
Mo_viam, mo_
assai staccato
_viam e il nuo_vo dì tro_vi spento il ti_ran_no.
AMELIA
Mo_
DAN:
Mo_

A
_viam! or _ sù! mo_viam!, mo
MARC:
Or _ sù! mo
D
_viam! or - sù! mo_viam! mo
Ten:
Mo_viam! mo
CORO
Bassi
Mo_viam! mo.
3
p cres . . . a . . . . poco . . . a . . . poco
A
_viam!
M
_viam!
D
_viam! al fian _ co tuo tut _ ti
_viam! al fian _ co tuo tut _ ti
_viam! al fian - co tuo tut _ ti

stan - no
ve ne da -
stan - no
ma...................... dell' ar - mi dell'
stan - no
ma...................... dell' ar - mi dell'
MARC:
Ve ne pro - di - ga il
- rò ve ne da - rò ve ne da - rò.
ar - mi, dell' ar - - - mi dell' ar - -
ar - mi, dell' ar - - - mi dell' ar - -

M
ciel per colpir l'op - pres - sor
(additando parecchi tini a diritta)
D
ve ne da -
- mi, dell' ar - - mi
- mi, dell' ar - - mi
FF
FF
M
ve ne da - rem
D
- rò,
ve ne da -
mo - viam
mo - viam

ve ne pro - di - ga il ciel per col - -
- rem.
or non più vi - - li all'
or non più vi - - li all'
FF
- pir, l'op - - pres - sor, per col - pir l'op - pres-
ar - mi quì al tuo fian - co tut - ti
ar - mi quì al tuo fian - co tut - ti

AMELIA
All' ar - mi! all' ar - mi! mo_viam!......
M
_sor!
Or - sù.......
DAN:
All' ar - mi! moviam.......
stan_no!
(prendono le armi dai tini)
Mo_viam.......
stan_no!
Mo - viam.......
A
M
.... mo - viam!.......
D
.... vin_cer si de' op_pur mo_rir!
.... vin - cer si de' op - pur mo - rir!
.... vin - cer si de' op - pur mo - rir!

F
Noi lo giu_riam
F
Noi lo giu_riam
F
Noi lo giu_riam
F
Noi lo giu_riam
F
Noi lo giu_riam
F
FF
F
vin_cer, o mo_rir!
F
vin_cer, o mo_rir!
F
vin_cer, o mo_rir!
F
vin_cer, o mo_rir!
F
vin_cer, o mo_rir!
F

A
vin - cer, o mo - rir!
M
vin - cer, o mo - rir!
D
vin - cer, o mo - rir!
vin - cer, o mo - rir!
vin - cer, o mo - rir!
FF
MARCELLO
LARGHETTO (♩ = 80)
p
pp

(Tutti in ginocchio)

AMELIA
p
Li_ber_tà, o su_bli - me Di - va, la fe_de in te nel tuo
MARC:
p
Liber_tà, gran Di - va, nel tuo
DAN:
p
Li_ber_tà, li_ber_tà, gran Di - va, la fe_de nel po -
Ten: I!
p
Li_ber_tà, li_ber_tà, gran Di - va, la fe_de in te nel tuo
Ten: II!
p
Li_ber_tà, li_ber_tà, gran Di - va, la fe_de in te nel tuo
CORO
Bassi I!
p
Li_ber_tà, li_ber_tà, gran Di - va, la fe_de in te nel tuo
Bassi II!
p
Li_ber_tà, li_ber_tà, gran Di - va, la fe_de in te nel tuo

po - po_lo av_vi - va! fa tri_on_far.................. il nostro ac_

po - po_lo av_vi - va! fa tri_on_far

_po - lo av - vi - va! fa tri_on_far

po - po_lo av_vi - va! fa tri_on_far.................. il nostro ac_

po - po_lo av_vi - va! fa tri_on_far.................. il nostro ac_

po - po_lo av_vi - va! fa tri_on_far.................. il nostro ac_

po - po_lo av_vi - va! fa tri_on_far.................. il nostro ac_

p *cres:*

A
_ciar, li _ ber _ tà.......... fa tri _ on _ far!
M
il no_stroacciar, li _ ber_tà . . . . . il no _ stroac _ ciar!
D
il no_stroacciar, ah, sì, il no _ stroac _ ciar!
_ciar.................. li _ ber _ tà . . . . . . il no _ stro ac _ ciar!
_ciar.................. li _ ber _ tà il no _ stro ac _ ciar!
_ciar.................. li _ ber _ tà il no _ stro ac _ ciar!
_ciar.................. li _ ber _ tà il no _ stro ac _ ciar!
p

F
A pu_gnar noi mo_
p
_viam se _ cu _ ri nè ci dor_
DAN:
F
A pu_gnar noi' mo_viam se _ cu _ _
F
A pu_gnar noi mo_viam se _ cu _ _
F
A pu_gnar noi mo_viam se _ cu _ _
F
A pu_gnar noi mo_viam se _ cu _ _
F
A pu_gnar noi mo_viam se _ cu _
cres:
FF

AMELIA
Nè ci dor -
M
- rem se d'uopo fi - a tut - ti pe - rir!
D
- ri nè ci dor - rem se d'uo - po
- ri nè ci dor - rem se d'uo - po
- ri nè ci dor - rem se d'uo - po
- ri nè ci dor - rem se d'uo - po
- ri nè ci dor - rem se d'uo - po

-rem se . d'uo - po fi - a, tut - ti pe - rir!
fi - a tut - ti pe - rir, sì, tut - ti pe - rir!
fi - a tut - ti pe - rir, sì, tut - ti pe - rir!
fi - a tut - ti pe - rir, sì, tut - ti pe - rir!
fi - a tut - ti pe - rir, sì, tut - ti pe - rir!
fi - a tut - ti pe - rir, sì, tut - ti pe - rir!

affrett . .
A
M
D
Se d'uopo fi - - a tut-ti pe-rir!.......................... Or non
Or non
Se d'uopo fi-a tut-ti pe-rir! Or non
Se d'uopo fi-a tut-ti pe-rir!
Se d'uopo fi-a tut-ti pe-rir!
Se d'uopo fi-a tut-ti pe-rir!
Se d'uopo fi-a tut-ti pe-rir!
affrett . .

. . e cres:
I.º TEMPO
FF
più vi_li al_lar _ mi vin_cer, o mo_rir! Li_ber_
più vi_li al_lar _ mi vin_cer, o mo_rir! Li_ber_
più vi_li al_lar _ mi vin_cer, o mo_rir! Li_ber_
Li _ ber _
Li _ ber _
Li _ ber _
Li _ ber _
. . e cres:
I.º TEMPO
cres.
tutta forza

A
_tà, li_ber_tà gran Di - va, la fe - de in
M
_tà, li_ber_tà gran Di - va, la fe - de in
D
_tà, li_ber_tà gran Di - va, la fe - de in
_tà, li_ber_tà gran Di - va, la fe - de in
_tà, li_ber_tà gran Di - va, la fe - de in
_tà, li_ber_tà gran Di - va, la fe - de in
_tà, li_ber_tà gran Di - va, la fe - de in

te nel tuo po - po - lo av - vi - va! fa tri - on -
te nel tuo po - po - lo av - vi - va!
te nel tuo po - po - lo av - vi - va!
te nel tuo po - po - lo av - vi - va! fa tri - on -
te nel tuo po - po - lo av - vi - va! fa tri - on -
te nel tuo po - po - lo av - vi - va! fa tri - on -
te nel tuo po - po - lo av - vi - va! fa tri - on -

A
_far.................. il no_stro ac_ciar!............. li_ber
M
fa tri_on_far il no_stro ac_ciar, li_ber
D
fa tri_on_far il no_stro ac_ciar, li_ber_
_far.................. il no_stro ac_ciar!............. li_ber_
_far.................. il no_stro ac_ciar!............. li_ber_
_far.................. il no_stro ac_ciar!............. li_ber_
_far.................. il no_stro ac_ciar!............. li_ber_

-tà, il nostro ac - ciar, sì, il no - stro ac -
-tà, il nostro ac - ciar, sì, il no - stro ac -
-tà, il nostro ac - ciar, sì, il no - stro ac -
-tà, il nostro ac - ciar, sì, il no - stro ac -
-tà, il nostro ac - ciar, sì, il no - stro ac -
-tà, il nostro ac - ciar, sì, il no - stro ac -
-tà, il nostro ac - ciar, sì, il no - stro ac -
riten:
sempre FF

A
_ciar, gui _ da, gui _ da.............. l'ac _ ciar!
(battono alla porta)
M
_ciar, gui _ da, gui _ da.............. l'ac _ ciar!
D
_ciar, gui _ da, gui _ da.............. l'ac _ ciar!
_ciar, gui _ da, gui _ da.............. l'ac _ ciar!
_ciar, gui _ da, gui _ da.............. l'ac _ ciar!
_ciar, gui _ da, gui _ da.............. l'ac _ ciar!
_ciar, gui _ da, gui _ da.............. l'ac _ ciar!
Colpi alla porta

Pezzo d'assieme

FINALE 2°

D
Ma so_lo io son
SANDOVAL
Che im_por_ta? a_pri o farem la por_ta in ischeggie vo
S
lar! in nome del Re!
CORO DI SOLDATI
Apri_te or_sù in no_me del Re....................
Apri_te or_sù in no_me del Re....................
F

DANIELE a voce bassa ai congiurati
Nulla è perduto an_cor niun il terror di _ scopra sien le fa_ci riac_
cese all'opra! all' o_pra! e del birraio in_siem ripetiam la can_
zon!
Le armi vengono nascoste nei tini. Si riaccendono le lampade. I congiurati danno di piglio agli
ALLEGRO (♩. = 76)
p
cres.
utensili del mestiere, Daniele va ad aprire.

CORO D'OPERAI
Li -
Li -
quor che in - gan - na del vin l'eb - brez - za pien di tri -
quor che in - gan - na del vin l'eb - brez - za pien di tri -
FF
stez - za ci lascia il cor i sen - si af - fan - na e
stez - za ci lascia il cor i sen - si af - fa - na e

d'o - gni li - te è del - la vi - te cau - sa l'u -

d'o - gni li - te è del - la vi - te cau - sa l'u -

mor, ah! sì, l'u - mor! ah!

mor, ah! sì, l'u - mor! ah!

FF

vi - - - - va la bir - - - - -

vi - - - - va la bir - - - - - -

Durante il Coro, Sandoval ed i suoi soldati sono entrati; altri soldati custodiscono la parte estrema della birreria, Sandoval esanima ogni cosa.

DAN.
Ho me _ co gli ope _ rai
SAN.
quì che fanno in tal o _ ra?
DAN.
D'uo _ po è
pur tra _ va _ gliar i bal _ zel _ lia sal _ dar!
SAN.
Tra _ va _ gliar?
pp

REC.vo
MOD.to
(scorgendo Amelia)
S
O tramar qual_chè novella impresa!
Ah!
p
la pupil_la è quì......
sta mal
l'affar s'abbu_ia
f
ANDANTE (♩ = 63)
(scorgendo alcuni operai che tirano la carretta)
Ma....
che veg - gio!

si di - ria ve ne scam - pi il .... Si - gnor che sien sca - bi - ni al po - sto d'ope - rai!
pp
(prendendo la mano ad un borghese)
Doghe code - ste man non han toccate mai!
ALLEGRO
ALLEGRO
F
Ma - gra n'avrai mer - cè ma a qual ambro - sia in -

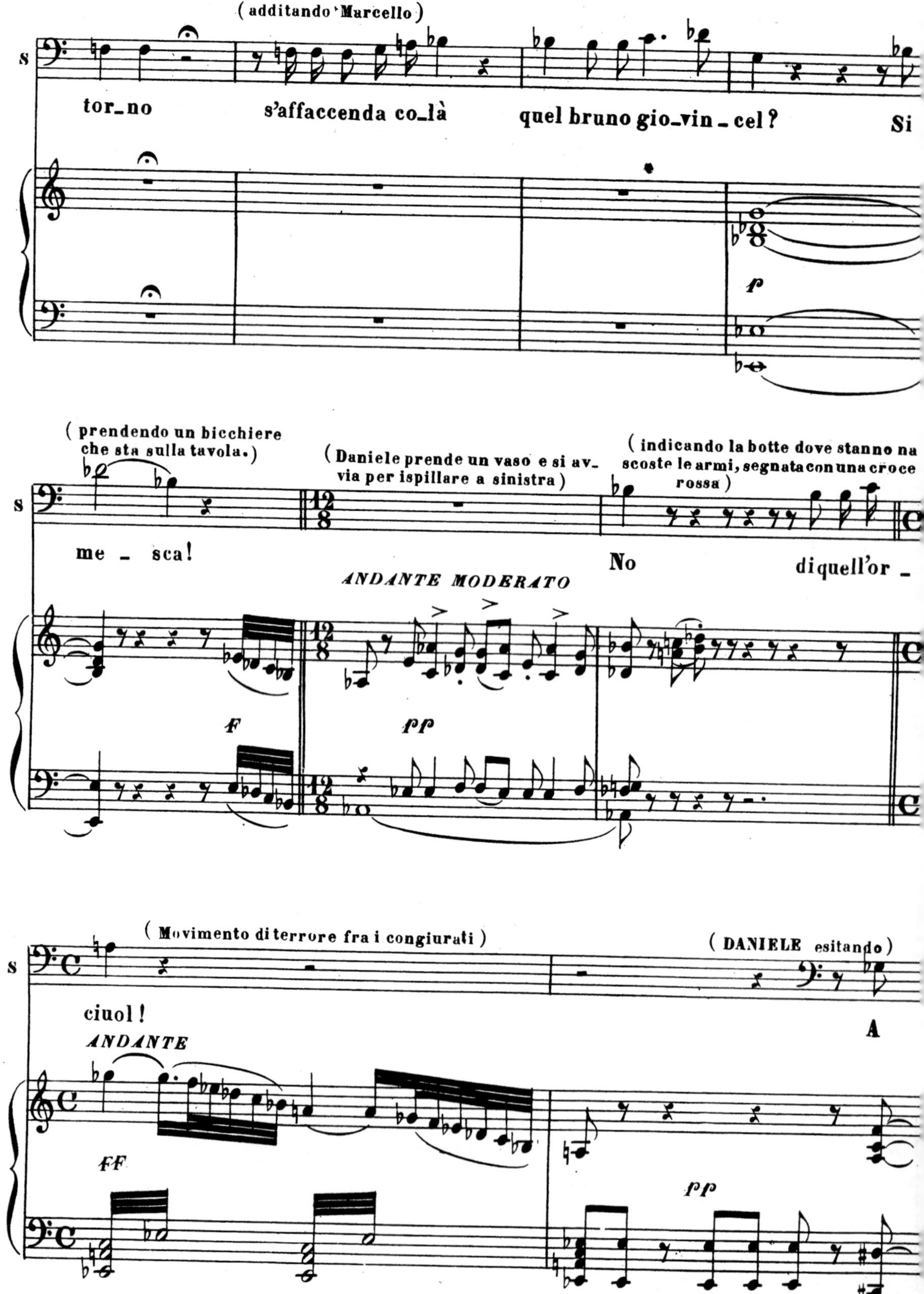
(additando Marcello)
S
tor_no
s'affaccenda co_là
quel bruno gio_vin_cel?
Si
p
(prendendo un bicchiere che sta sulla tavola.)
(Daniele prende un vaso e si avvia per ispillare a sinistra)
(indicando la botte dove stanno nascoste le armi, segnata con una croce rossa)
me_sca!
No
di quell'or_
ANDANTE MODERATO
F
pp
(Movimento di terrore fra i congiurati)
(DANIELE esitando)
ciuol!
A
ANDANTE
FF
pp

SAND. con ironia
che? non è il miglior del gior - no?
rall: un poco
(additando la croce rossa ai soldati)
il se_gno c'è lo si sfon_di!
(I soldati sfondano la botte)
ALLEGRO (𝅗𝅥 = 132)
FF
(Le armi si rovesciano a terra)
REC.VO
Av_vinta
sia quest'or_da re_a
che trama
FF

S
vil or_dir po - te - a
CORO DI SOLDATI
Av - vin - ta sia quest'or - da
Av - vin - ta sia quest'or - da
FF
rea che im_pre - sa vil tra - ma - re po -
rea che im_pre - sa vil tra - ma - re po -
te - - a!
te - - a!

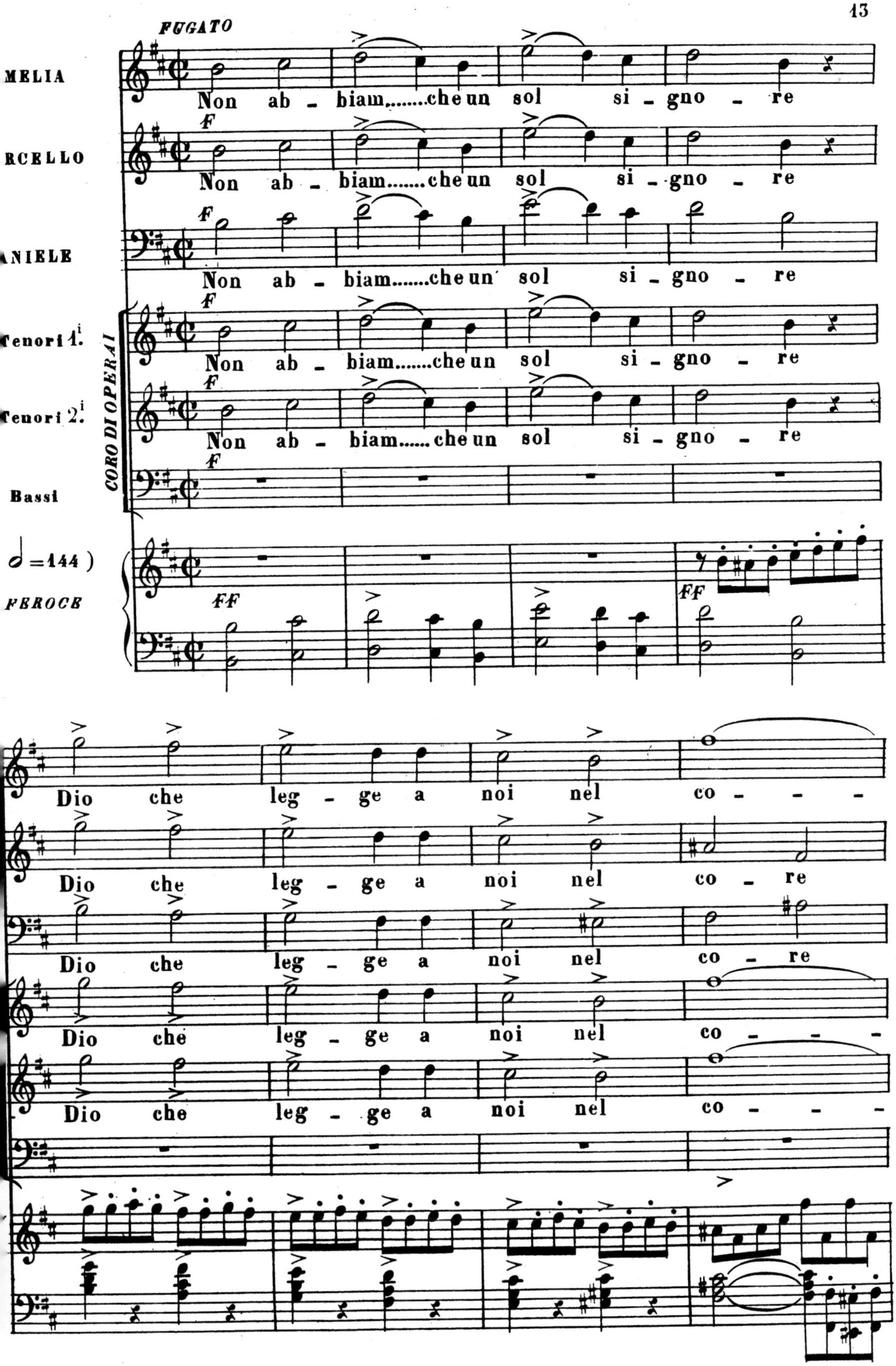

FUGATO

MELIA — F
Non ab - biam........che un sol si - gno - re

RCELLO — F
Non ab - biam........che un sol si - gno - re

ANIELE — F
Non ab - biam........che un sol si - gno - re

CORO DI OPERAI

Tenori 1.i — F
Non ab - biam........che un sol si - gno - re

Tenori 2.i — F
Non ab - biam......che un sol si - gno - re

Bassi — F

($\frac{d}{}$ = 144) FEROCE — FF — FF

Dio che leg - ge a noi nel co - - -

Dio che leg - ge a noi nel co - re

Dio che leg - ge a noi nel co - re

Dio che leg - ge a noi nel co - - -

Dio che leg - ge a noi nel co - - -

A
M
Dio sol
D
OPERAI
Non ab - bia - mo che un Re che un si - gno - re,
S
Ten.i 1.
Ten.i 2.
Bassi
CORO DI SOLDATI

- - - - - - - re
Dio sol
Dio che leg - ge a noi nel co - re
- - - - - - - re
- - - - - - - re
Dio che leg - ge a noi nel co - -
Or -

A
non ab - biam che un sol si - gno - re
M
non ab - biam che un sol si - gno - re Dio che
D
Dio sol
OPERAI
- - - - - - re
S
su
F Av - vin_ta
SOLDATI
Av - vin_ta si - a quest' or - da re - a F che trama
Av - vin_ta si - a quest' or - da re - a F che trama

leg - ge a noi nel co - re Dio sol
Dio sol............... Dio che leg - ge a
Dio ....che.........................
non ab - bia - mo che un
sia quest' or - da re - a or - sù
vil or - dir po - te - - - - - -
vil or - dir po - te - a Av - vin-ta si - a quest'
Av - vin-ta si - a quest'

A
Dio sol Dio
M
Dio sol
D
no - i nel co - re nel .... co - - - -
OPERAI
.... leg - ge a noi nel
Re che un si - gno - re Dio che leg - ge a noi nel
Dio che leg - ge a noi nel
S
che trama vil or - di - re po -
SOLDATI
- - - - - - - - - - - -
or - da re - a che trama vil or - di - re po -
or - da re - a che trama vil or - di - re po -

sol che per - do - na in sua pie - tà
e che per - do - na in sua pie - tà ....
- re che per - do - na in sua pie - tà
co - re
co - re
co - re
- te - a vi - li!
- a av - -
- te - a av - -
- te - - - - - - - a

A
a chi
M
in sua pie - tà
a chi
D
a chi
F
I
che per - do - na in sua pie - tà
R
che per - do - na in sua pie - tà
A E P
F
O
che per - do - na in sua pie - tà
S
vi - li!
F
I
- - - vin - ta sia
T
F
A L D
- - - vin - ta sia
S O
Av - - - -
F

muor per la li_ber _ ta! per la
muor per la li_ber _ ta!
muor per la li _ ber _ ta!
F
a chi muor per
a chi muor per
F
a chi muor per
vi _ li!
Av _ _ _ vin _ _
Av _ _ _ vin _ _
vin _ ta sia

A
li - ber - tà la li - ber - tà!
M
in.................................... sua pie - tà!
D
per la li - ber - tà!
OPERAI
la li-ber - tà muor per la li - ber - tà!
la li-ber - tà muor per la li - ber - tà!
la li-ber - tà muor per la li - ber - tà!
S
Av - vin - ta sia l'or - da re - -
SOLDATI
ta sia l'or da re - - a
ta sia l'or-da re - - a
l'or - da re - - a

Dio per - do - na in
F
Dio per - do - na in su - a pie - tà a chi muor per la
Dio per - do - na in su - a pie - tà a chi muor per la
F
Dio per - do - na in su - a pie - tà a chi muor per la
Dio per do na in
a Or - sù!
Or - sù!
Or - sù!
Or - sù!

A: Ah! ....

M: su - a pie - tà Dio per - do - na in sua pie - tà

D: li - ber - tà Dio .... per - do -

OPERAI

li - ber - tà Dio per - do - na in sua pie - tà

li - ber - tà Dio per - do - na in sua pie - tà

su a pie - tà Dio per - do -

S: Or - sù .... e la scu -

SOLDATI

Or - sù .... e la scu - re ab - bat - te -

Or - sù .... e la scu - re ab - bat - te -

Or - sù .... e la scu -

la
a chi muor per la li - ber - tà a chi muor per la
- na in sua bon - tà a chi muor per la
a chi muor per la li - ber - tà a chi muor per la
a chi muor per la li - ber - tà a chi muor per la
- na in sua pie - tà a
- re ab - - bat - te - rà chi
- rà chi in - vo - cò la li - ber - tà que - i
- rà chi in - vo - cò la li - ber - tà que - i
- re ab - - bat - te - rà chi

A
li - ber - tà, la li - ber - tà, la li - ber - tà
M
li - ber - tà, la li - ber - tà, la li - ber - tà
D
li - ber - tà, la li - ber - tà, la li - ber - tà
li - ber - tà, la li - ber - tà, la li - ber - tà
li - ber - tà, la li - ber - tà, la li - ber - tà
chi muor per la li - ber - tà
S
in vo cò la li - - ber - - tà
che in - vo - cò.......... che in - vo - cò la li - ber - tà
che in - vo - cò.......... che in - vo - cò la li - ber - tà
in - vo - cò la li - - ber - - tà

Dio
Dio
a chi muor per la li - ber - tà a chi muor per la
per la li - - - ber -
per la li - - - ber -
a chi muor per la
che in - vo - cò la li - ber - tà che in - vo - cò la
che in - vo - cò la li - ber - tà che in - vo - cò la
che in - vo - cò la li - ber - tà che in - vo - cò la
che in - vo - cò la li - ber - tà che in - vo - cò la

REC.VO MAESTOSO
A
ah!
M
ah!
D
li - ber - tà la li - - ber - - tà!
- - tà la li - - ber - - tà!
- - tà la li - - ber - - tà!
li - ber - tà la li - - ber - - tà!
S
li - ber - tà ah! si, la li - - ber - tà!
li - ber - tà!
li - ber - tà!
li - ber - tà!
REC.VO MAESTOSO

(ad Amelia)
Sì, sfi - diam chi non dà giammai per - do - no! Mo -
Sien tratti fuor!
- viam insiem verso il pal - co fe - ral!
(a Marcello)
Tu ri -
ALLEGRO
ff
MARC.
- man - ti E per - chè? com - pli - ce lor io so - no

M
e vo' seguirne il desti - no fa - tal!
S
Il Du - ca non lo
MARC.
S
vuol! Ah! in' sue ti - ranne voglie a qual novel mar - tir or m'inten - de ser
SAND.
M
- bar? Sii li - bero!
(con ironia)
Il tiran
ALLEGRO
F

sorpresa generale
VIVACE
Sal_var! Oh ciel oh stu_
Sal_var!
Sal_var!
i tuoi dì vuol sal_var!
Sal_var!
Sal_var!
Sal_var!
VIVACE (𝅗𝅥 = 132)
ff
pp staccatissimo
_po_re! per qual nuo_vo er_ro_re il fier op_pres_

A
_so_ _re or sal_ _vo lo fè?
oh
M
Che a_scol_to! oh stu_po_re!
D
Oh ciel oh stu_po_re
A
ciel!
oh ciel!
M
spez_ _za il mio co_re
a me met_te or_
D
per qual novel er_ _ro_re
il vil op_pres_

oh! stu - po - re!
ro - re l'in - fa - me mer - cè! lor
so - re or sal - vo lo fè? oh ciel! oh stu -
Oh ciel! oh stu -
Oh ciel! oh stu -
Oh ciel oh stu - po - re!
com - plice io so - no sprezzo il per -
po - re! per qual nuo - vo er - ro - re il
po - re! per qual nuo - vo er - ro - re il
po - re! per qual nuo - vo er - ro - re il

A
qua_le propi_zio er_ro_re!
oh ciel!
Ah qual
M
do - no che mi vien dal tro - no che un vil fa di
D
vil op - pres - so - re gli ac_cor - da mer - cè qua
vil op - pres - so - re gli ac_cor - da mer - cè qua
vil op - pres - so - re gli ac_cor - da mer - cè qua.
S
L'a
L'a
L'a

fa - to pro - pi - zio lo strap - pa al sup - pli - zio
me! si, di - sprezzo ah!......................
fa - to pro - pi - zio lo strap - pa al sup - pli - zio
fa - to pro - pi - zio lo strap - pa al sup - pli - zio
fa - to pro - pi - zio lo strap - pa al sup - pli - zio
- di - ta sor - pre - sa, la no - bil im - pre - sa men
- di - ta sor - pre - sa, la no - bil im - pre - sa men
- di - ta sor - prè - sa, la no - bil im - pre - sa men

A
nuo - va i - nat - te - sa è tan - ta mer -
M
si il suo per - do - no che un vil fa di
D
nuo - va i - nat - te - sa è tan - ta mer -
nuo - va i - nat - te - sa è tan - ta mer -
nuo - va i - nat - te - sa è tan - ta mer -
S
bel - la vien re - sa da que - sta mer -
bel - la vien re - sa da que - sta mer -
bel - la vien re - sa da que - sta mer -

_cè!
(a Sandoval con impeto)
me! Grazia non vo' da chi
_cè!
_cè!
_cè!
_cè!
_cè!
_cè!
SAND.
(freddamente
sal_ _vo mi ren_ de! Il Du_ _ca lo im_

MARC.
S
M
-po- -ne, lo vuol!
Po
-chè.............. li-be-ro so-no di-
-scen- -do in si- -no a te e ti chie-do ra
-gion d'un per-don che m'of-fen- - -de!
rf
rf

Sandoval fa segno colla mano che non lo può
O no - bi - le spa-
-gnuol
im - po - sto a te ha pur
Daniele si frammette fra Marc.e Sand.
SAND.
d'es - ser un vi - le?
A tan - -
- to ol - trag - gio a - vria........................di
ff
fff
fff
ff
fff
fff

S
già ri_ _spo_ _sto il fer_ _ro mi_ _o!
dim.
S
Ma tu puoi, no_ _ _bil Bel_ ga in_su
M
Io?
S
_tar sen_za te_ma Tu! chè di fe_rir mi si vie
LENTO

POCO PIÙ (𝅗𝅥 = 52)
In_cer_ to il mio co_re
Si
In_cer_ to il mio co_re ah!.................................... in_
Moviam!
Moviam!
_ tò !
A noi!
A noi !
A noi!
POCO PIÙ (𝅗𝅥 = 52)
pp

A
ah! in - - va - - de il ter - - -
M
spez - za il mio co - re si spez - za il
D
- va - - - de il ter - - -
moviam!
moviam!
S
a noi! moviam!
a noi! moviam!
a noi! moviam!
cres .... a .... poco .... a .... poco ....

FF
- ro - re per qua - le er - ro - re or sal - vo egli
co - - re a me mette or - ro - re l'in - fa - me mer-
FF
- ro - re per qua - le er - ro - re or sal - vo egli
F
moviam! un fa - to sol..........
F
moviam! un fa - to sol..........
FF
Li aduni in - sie - me
FF
Li aduni in - sie - me
FF
Li aduni in - sie - me
FF

A
è! qual fa _ _ to pro _ pi _ zio or sal _ vo lo fè! chi
M
_ cè! a me mette or _ ro _ re l'in _ fa _ me mer _ cè! lo
D
è! qual fa _ _ to pro _ pi _ zio gliotten _ ne mer _ cè! chi a
or ci a _ du _ ni
or ci a _ du _ ni
S
FF
un' e _ spia _ zion..........
un' espia _
un' e _ spia _ zion.........
un' espia _
un' e _ spia _ zion..........
un' espia _

no _ stro sup _ pli _ zio strappar lo po _ tè? qual fa _ to pro _
com _ plice so _ no, ab _ bor _ ro il per _ don che vie _ ne dal
no _ stro sup _ pli _ zio strappar lo po _ tè? qual fa _ to pro _
ed il ciel.......
ed il ciel.......
_ zion....... un' e _ spia _ zio _ ne fa _ tal!
_ zion....... un' e _ spia _ zio _ ne fa _ tal!..........
_ zion....... un' e _ spia _ zio _ ne fa _ tal!

A
-pi - zio or sal - vo lo fè? la morte!
M
tro - no e un vil fa di me la morte! o la li-ber
D
-pi - zio or sal - vo lo fè? la morte! la morte!
in sua pie - tà............ tro - var ci fac - - cia in
in sua pie - tà tro - var ci fac - - cia in
le scelle - ra - te sce - le dee sa -
F
le scelle - ra - - te sca -
F
le scelle - ra - - te sca -

o la li_ber _ tà
la
li _ _ ber _ _
_tà ....
la
li _ _ ber _ _
o la li_ber_ _tà
la
li _ ber _
_ sie _ _ _ me
o
mor _ _ _ te, o li _ ber _
_ sie _ _ _ me
o
mor _ _ _ te, o li _ ber _
_ li _ re, dee sa _ _ li _ re il mal _ fat _ _
_ le dee sa _ _ lir il mal _ fat _ _
_ le dee sa _ _ lir il mal _ fat _ _

A
- tà!
o morte
M
- tà!
o morte
o la li - ber -
D
- tà!
o morte
o morte
- tà!
fac - cia tro - var
in - - -
- tà!
fac - cia tro - var
in - - -
S
tor, le scel - le - ra - te
sca - le
dee sa -
tor!
le scel - le - ra - - te
sca - - -
tor!
le scel - le - ra - - te
sca - - -

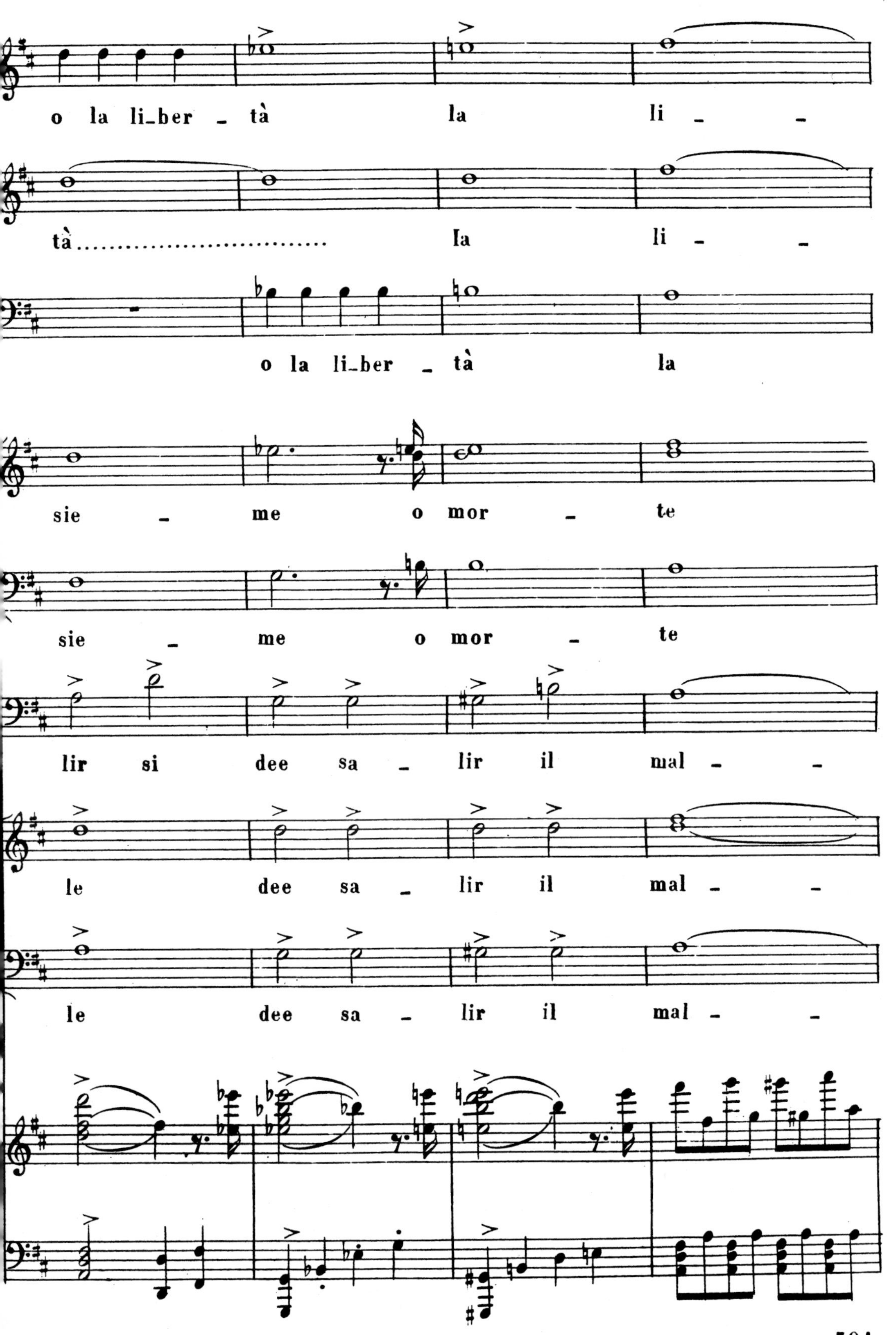
o la li_ber _ tà la li _ _
tà la li _ _
o la li_ber _ tà la
sie _ me o mor _ te
sie _ me o mor _ te
lir si dee sa _ lir il mal _ _
le dee sa _ lir il mal _ _
le dee sa _ lir il mal _ _

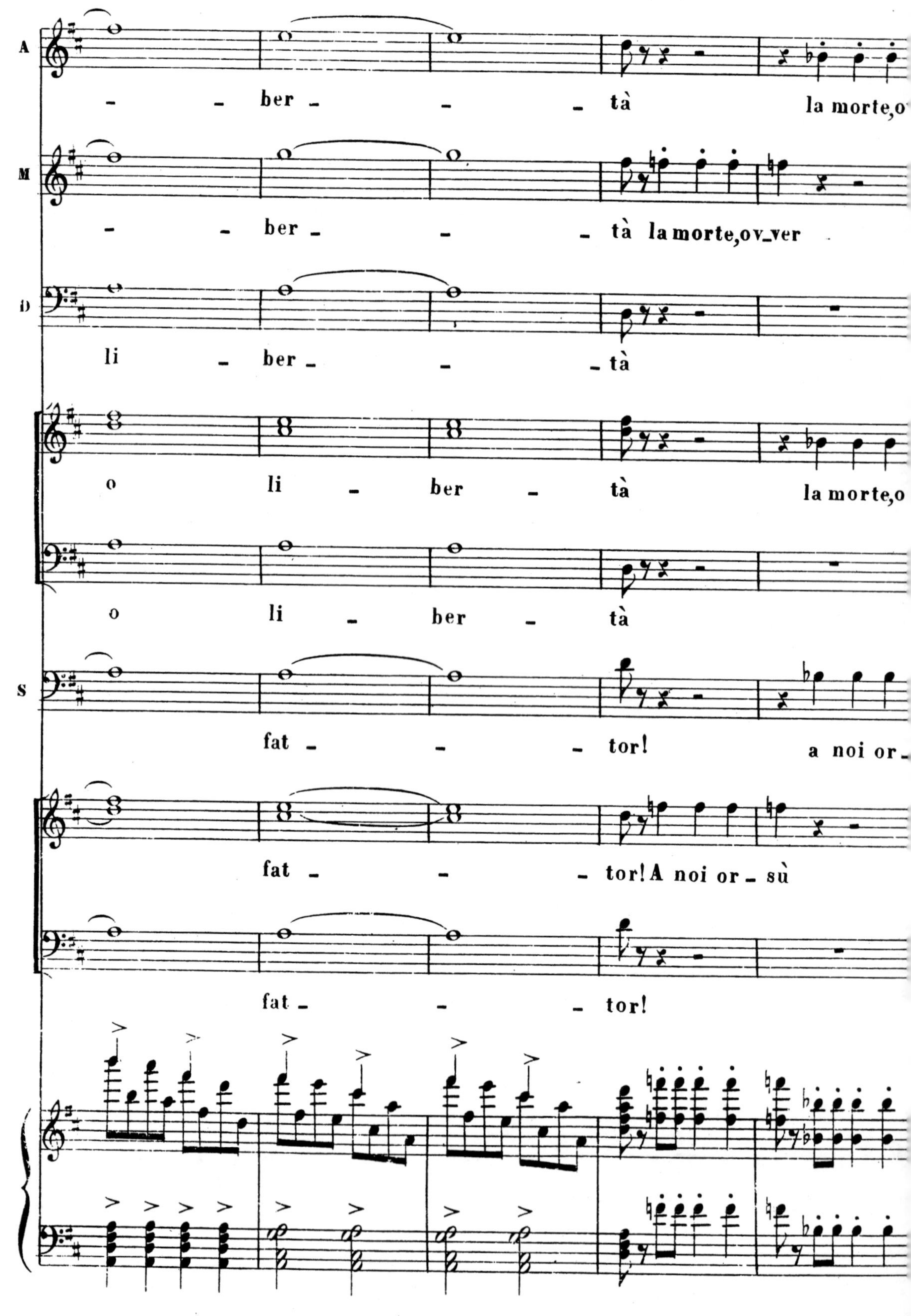
A
- - ber - - - tà la morte, o
M
- - ber - - - tà la morte, ov_ver
D
li - ber - - - tà
o li - ber - tà la morte, o
o li - ber - tà
S
fat - - - tor! a noi or-
fat - - - tor! A noi or - sù
fat - - - tor!

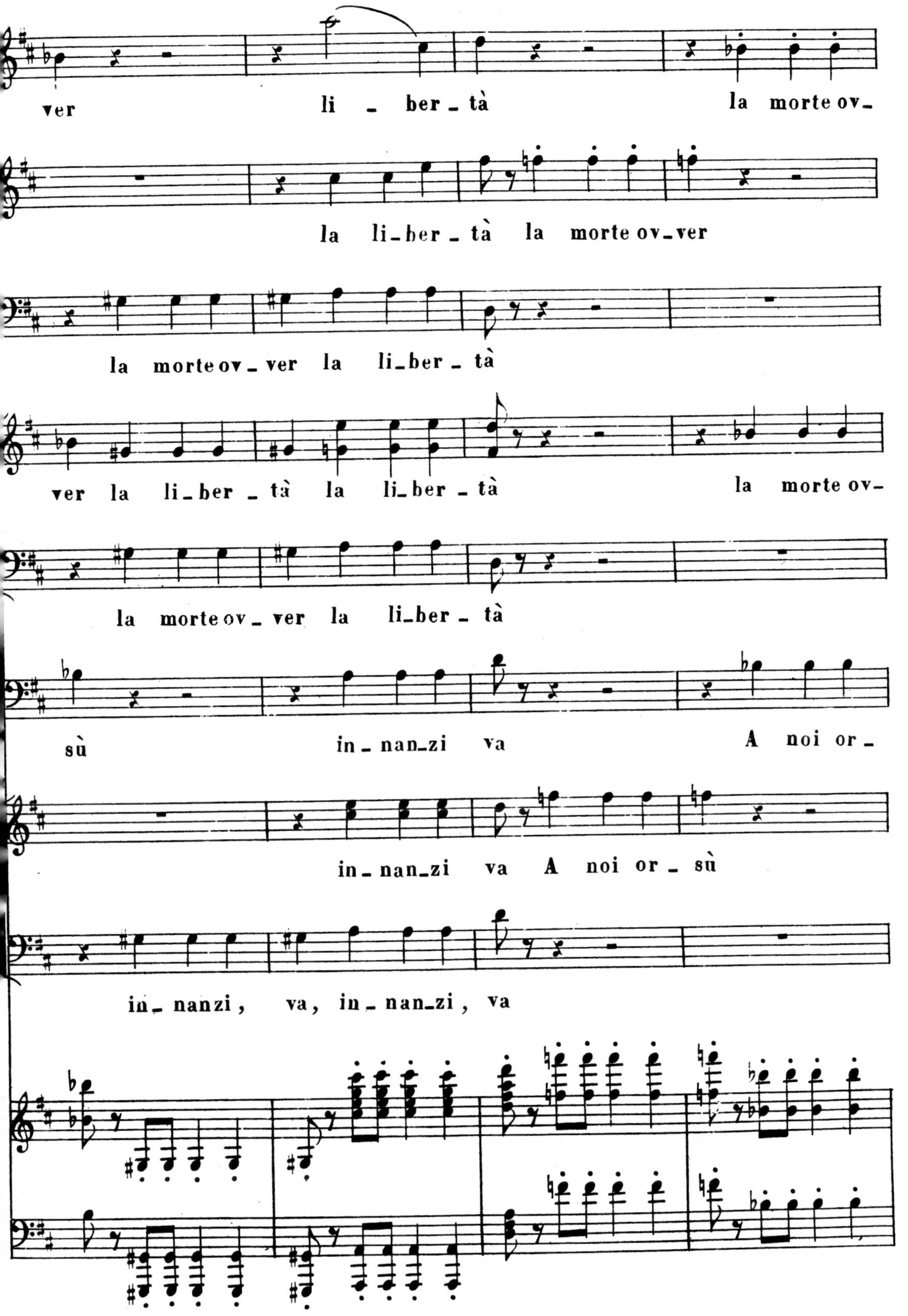
ver li - ber - tà la morte ov -
la li - ber - tà la morte ov - ver
la morte ov - ver la li - ber - tà
ver la li - ber - tà la li - ber - tà la morte ov -
la morte ov - ver la li - ber - tà
sù in - nan - zi va A noi or -
in - nan - zi va A noi or - sù
in - nanzi, va, in - nan - zi, va

A
ver li - ber - tà o..................
M
la li_ber - tà! ah! sì, la
D
la morte ov_ver la li_ber - tà! ah! sì, la
ver la li_ber - ta! la li_ber - tà!
la morte ov_ver la li ber - tà!
S
sù in - nan_zi va, o schia - vo
in - nan_zi va, o schia - vo
in - nan_zi va, in - nan_zi va, o schia - vo
sempre FF

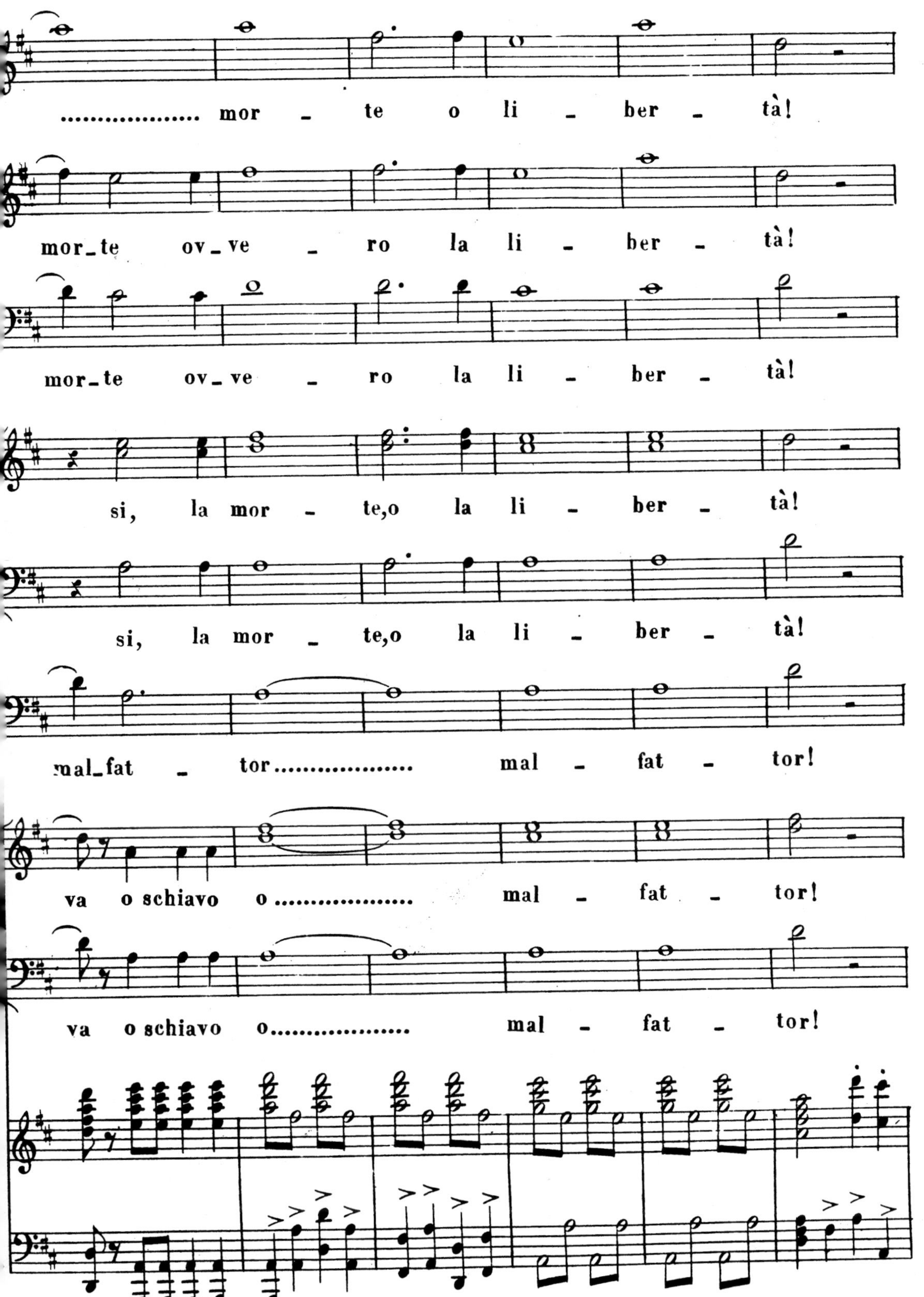
.... mor - te o li - ber - tà!
mor_te ov_ve - ro la li - ber - tà!
mor_te ov_ve - ro la li - ber - tà!
si, la mor - te,o la li - ber - tà!
si, la mor - te,o la li - ber - tà!
mal_fat - tor.................. mal - fat - tor!
va o schiavo o.................. mal - fat - tor!
va o schiavo o.................. mal - fat - tor!

FINE DELL' ATTO II°

Preludio Recitativo ed Aria

„Nei miei superbi gaudi„

(PER BARITONO)

ATTO III°. - Una sala nel palazzo di città a Brusselle, chiusa da larghe porte e da invetriate.

IL DUCA

Sì! colpevol fu_i! la tolsi al padre ad un fratello disde_gnan_te

D fie_ra! Che non potea l'or_goglio, un folle ar_dore? ALL.°

F ALL.°

D Ma sfug_girmi..... per lunghi an_ni, la vi_sta ra_pirmi del suo na_to!

P

D I_spi_rar_gli l'orror del padre su_o.... non è fa

LENTO

PP

P

(traendo uno scritto dal seno)
-lir del mio mag-giore? Ed o - ra,
f
p
al let - to suo di mor - te con nuovo af - fronto mi trafig - ge il
(legge)
petto! „Tu per cui nulla è
AND.te SOSTENUTO
ppp
M. D.
M. D.
sacro se la feral tua scu - re scontra Marcel di Brugio del patrio suolo o-
M. D.

D
-nor, il capo ne risparmia..... gli fosti geni
M.D.
D
-tor!,, Mio fi - glio!
(intenerito)
p
allarg:
pp
(♩ = 54)
CANTABILE SOSTENUTO
dolcemente
pp
p

IL DUCA
Nei
mie - i su_per - bi......... gau - di, tra i.......
p

D
con - qui - sta - ti al - lôr, tro -
- va - van...... plau - si e lau - di.............................. d'a -
- mor de - ser - to il cor.............................. ma.......
p
Ped.
Ped.
smorz:
pp

nel.......... mio....... sen.......... ri - na - to no non
re - gna il vuo - to più.................................... chè
dimin:
pp
di - re ad uom m'è da - - - to il

rall.

D

fi - glio mio sei tu............ or nel mio sen ri -

rall. pp

D

- na - to non re - gna il vuo - to più....... no non re - gna

D

più mio fi - glio Mar - cel - lo figlio mio no! nel mio sen ri -

12/8

p p

D

- na - to non re - gna non re - gna il vuo - to

più............ il fi - glio mi - o il fi - glio mio sei
ten.
tu or di - re ad uo - mo ad uom m'è da - to: il figlio mio sei
a piacere
tu! il figlio mio, il figlio mio sei tu, il figlio mio sei
pp

D
tu............
(♩ = 132)
ALLEGRO
cres. a
p
poco a poco
Qual v'ha ru
-mor?
(Entra D. Carlo seguito da uffiziali)
CARLO (presentandogli un piego)
Brillante stuol d'armati che precedono illustre ambascia-tor

(il Duca legge i dispacci)
Il DUCA
(dopo aver letto)
Ah! de' miei vo_ti alfin eb_ber pie_
FF
col canto
(si rivolge verso gli uffiziali)
_tà Medi_na mi suc_cede e Re Fi_
_lippo me sul_le ri_ve lusi_tane invi_a un nuovo regno a conqui_

(fa un cenno di commiato agl uffiziali e questi escono)
D
star ri_ful_ge in ciel riful _ ge in
FF
FF
ciel la stel _ la mi_a Mi ar_
ALL? MARZIALE (♩ = 138)
_ri _ don vit _ to _ rie più no _ bili e
PP
pu _ re, dell' or _ ri_da scu _ re ad

al - tri l'o_nor........................ di fie - - re bat -
- ta - glie, tra i fu - mi, tra i lam - pi si -
_gno - - ri dei cam - pi c'in_se - dia il va -
- lor di fie - - re bat - ta - - glie più

FF
D
no - bi - le spa - - - da impugna il va
FF
D
- lo - re im - pu - gna il va - lor Il va - lor im -
D
- pu - gna la spa - da im - pu - gna im - pu - gna il va -
a Tempo
FF

_lor più no _ bi _ le spa _ da im _ pu - gna il va _ lor più no _ bi _ le
spada im _ pugna il va _ lor la spa _ da impu _ gna il va _
_ lor
FF

Scena e Duetto

„Ne volea sfidar lo sdegno„

(PER TEN: e BAR:)

DUCA
(firmandola)
-ta è la sentenza!
ANDANTE
Entro un' ora.... al supplizio!
(Sandoval parte)
Venga Mar - cel... ci lascia!
rall.
Ah! qual mi
tur - ba nuova e cruda am - bascia!
(entra Marcello)
pp

D

Sei dunque tu di cui la mano

D

re_a nell'ombra a quanto so squarciar mi volle il sen?

MARCELLO

A liberar le

M

Fiandre solo il mio braccio aspira e l'oppressor ne se_i!

DUCA

La mente tua de_li_ra giam_mai tramonta il sol

MARC:
dove Filippo è Re
e vulnerar le Spagne presumi o folle in me?
Danna_
FF
_zion!
DUCA
Torna in te spesso l'impeto è in_
p
_fi_do se del Fiammingo in petto pal_pita un nobil cor
ve_diam qual sor_te ser_bi al tuo be_ne_fat_tor.

MARCELLO
REC.vo
ALLEGRO
Ne vo_le_a sfidar l
M
sdegno e ir_ri_derne il do_lor!
M
E il mio co_re, al suo con_te_gno tutto in_va_de igno_to o
M
_ror!
MODERATO (♩ = 96)
DUCA
Se a' det_ti

miei tu por_gi a _ scol _ to ar_ cano un suon non giunge a
pp
MARC:
Trasalir io mi sento, va _ cilla ogni mia fè!
te! La
la _ grima riga il mio vol _ to ed o _ si negar_mi mer_cè, ahimè!....

D
Non è un sud_di_to ru_bel _ lo cheal ti _
PIÙ MOSSO
(♩ = 132)
p
MARC:
Ahi
D
ran _no in_ _nan_zi sta glièun a _ mico, ahglièunfra_
M
più del tuo ri_go _ re temo o_mai tua pie_tà
D
_tel _ lo che vuol da te, da te so _ lo pie

ah .... tua pie - tà!
RECvo
- tà! Or poi -
FF
- chè divinar non ti gio - va, questa i - ma - gi - ne sa - cra per te il
p
MARC:
(gli dà in mano un ritratto di donna) Mia madre!
dub - bio omai ri - mo - va!
F
p

M
Oh ciel! Illusion non è
(gli dà una lettera)
D
Ed or!
Leggi!
pp
M
questa!
DUCA
(♪ = 106) Oh qua - - le eb - brez - - za il
LARGHETTO
pp
pp
MARC:
Madre mi - a!
D
nuo - - vo af - fet - - to che il .... sen m'i -

Sei tu, sei tu!
_non - - da pre_pa - - ra a me!
quel - - lo che scor - - - re den_tro al suo pet - to è il
string:
san - - gue mio.................... ah sì mio fi_glio e_gli è mio fi_glio e_
string:

MARC:
(mettendo un grido)
F POCO PIÙ (♪ = 144)
rall:
Ah! del ciel m'ha la fol_gor percosso io
D
_gliè sì mio fi_glio e_gliè!
REC.vo
F
M
fre_mo d'af_fan _ no d'or_ror
deh! per pie
(appressandosi a Marcello)
D
a Tempo
Quel no _ mea te da _ re non pos_so
M
_tà
t'hail cie_lo a me ra_pi_ta!
D
che so _ gna be _ a_to al mio cor!
Il mio

no_me por_tar ti mette dunque or_ror? pur sai chi
f
MARC:
I. TEMPO. (♪ = 106)
Mio so_lo amor, mio ben mia vi_ta!
si_a! Gran_de, su_
pp
_bli_me tu tro_vi un no_me, cin_ger di

MARC:
D
lau - - ri po - tra - - i le chio - me!
A
M
- melia! oh ciel!
D
O fi - glio! figlio tut - to vo' dar - ti quanto sì
pp
M
io trasalgo di terror
D
quanto tu bra - mi sol................cheuna vol - - ta, una vol - ta padre mi
affrett:
a Tempo
string . . a . . poco . .

chiami, sì, pa_dre mi chiami, ah! sol che le braccia mi cin_ga al
. . a . . . . poco . . . .
MARC:
sen! Ah! quel no - - me igno_ra _ to che porto m'è del vo - -
ALLEGRO (♩ = 100)
M.S.
p
- stro men du_ro a por_tar!
Sì, quel nome igno_
FF
_ra - to men duro m'è por_tar!
FF
sf

DUCA

Pur nè due mondi il sai di tuo pa_dre la

sf

MARC:

rall.

Ch'e_gli è un ti_ran_ _ _ no io

D

gloria il nome irra_diò!

a Tempo

FP rall.

M

so!

legato

D

Ah!.............................. qual v'ha maggior do_lo_re qual

F

P

più de - lu - sa spe - - me io tro - vo, e per - do in -
- sie - me il mio, più dol - ce a - mor.
MARC:
Oh
p
bar - ba - ra mia sor - te di que - sta or - ri - bil
dolce

M
vi - - ta non è la stes - sa mor - te che un
M
mal as - sai mi - nor qual lot - ta fa -
DUCA
Oh fa - to spie -
pp legatissimo
M
- ta - le com - bat - te il mio co - re il
D
- ta - to ter - ri - bil con - dan - na im -

dub - bio m'as - sa - - le mi af - fan - na il ter -
- pre - ca il mio na - to al suo ge - ni -
- ror, ab - bor - - ra op - pur per - do - ni, in - fa - me
- tor im - pre - - - ca al ge - ni - tor, ahi del mio
sem - pre io son, io son in - fa - - me
sangue im - pre - ca il na - - - to im -
F
F
FF

M
sem - - pre in - fa - me son! Il
D
- pre - - ca al ge - ni - tor!
FF
M
no - me ch'of - fri a me e - re - dità di
M
pian - to render mi può co - - lei che a - do - ro? piu
p

pa - - tria a me non re - sta più fra -
- tel - - li non ho! mi scaccieranscla - man - do: co -
- lui suo fi - glio egli è suo fi - - - glio e -

(trattenendo Marcello che vorrebbe uscire)
DUCA
M
-gli è!
No! al mio fian_co dèi re_
FF
MARC:
D
_star! Di quà degg' io, si_gnor, sgom_
POCO MENO
M
_brar!
DUCA
Ah! la mia pre - ce il pianto mi - o l'orgoglio tuo non san pie_
POCO MENO
pp

La tua vit - - ti - ma è
-gar?
I.º TEMPO
des - - sa
tu n'hai trafit-to il
Ed a me l'o-si dir?
Si può ommettere sino al
se-no e do-ve io sol la man ti sten-da un par-ri-
REC.vo

M
D
ci - da........... io son!
Ah! qual v'ha maggior do - lo - re, qual
più de - lu - sa spe - me
tro - vo e per - do in
sie - me il fi - glio del mio cor!
MARC:
Oh!
p
p
p

bar - ba - ra mia sor - - te di que - sta or - ri - bil
dolce
vi - - ta non è la stes - sa mor - te che un
mal as - sai mi - nor!
p
È la mia
DUCA
Fa - to spie -
pp legatissimo

M
pa - tri - a che a sè a sè mi chia - ma
D
- ta - to! fie - ra con - dan - na
M
è d'u - na ma - dre l'of - fe - so a -
D
que - sto mio na - to im - pre - ca al ge - ni -
M
- mo - re! o ma - dre, o ma - dre a me vi
D
- tor, im - pre - ca il mio fi - glio al ge - ni -

chia_ma o ma _ dre o ma _ _ dre mia, i
_tor, o fi _ glio in _ gra _ _ to tu im _
sen _ _ si dell' o _ nor! di lot_tar
_pre _ _ chial ge _ ni _ tor! è la
tu m'infon_di ma _ dre mi _ a
leg _ ge dell' a _ mo _ re che ti

M
tu m'in - fon - di la vir - tù far tacer..................
D
chie - do, ti chie - do d'os - ser - var, non n'è u - -
FF
M
.... sì gran mer - cè da - to è sol................................ sì da - to è
D
- ma - no tal ri - gor, tu mi puoi.................................. mi dèi mi
M
sol a - mar!
D
dèi a - mar!

SCENA E TERZETTO

Oh sorte ria! fatal martoro! (per Ten. Bar. e Basso)

M
si _ no a me? si di _ ria dal sen del_le te
De _ pro _ fun _
De _ profun _ dis cla _ _
De _ profun _ dis cla _ ma _ vi
M
_ ne _ bre un gri _ do u _ dir di do _ lor!
_ dis ad te cla _ ma _ vi do _ mi _ ne..........
ad te cla _ ma _ _ vi do _ mi _ ne..........
_ ma _ vi do _ _ _ _ mi _ ne..........
do _ _ _ _ mi _ ne do _ mi _ ne..........

SANDOVAL
(avanzandosi rispettosamente verso il Duca)
Qual
(♩ = 86)
ff
DUCA
Stien gli Albane _ si le mic _ ce ac _
SAND.
or _ din?
sf
_ ce _ se, co _ là, sul _ la gran piaz _ za
ff

D
e, se un mur - mu - re scop - pi, u - na so - la mi
6
sf
6
6
MARC.
(al Duca)
Or che accade laggiù?
D
freddamente
- naccia... Mi com - prendi? Ri -
SAN.
(Va a trasmettere i suoi ordini agli uffiziali, i quali escono, poi torna a fianco del Duca)
Il faran!
D
- guar - da! puoi ve - der da quel ve - ro - ne la piazza di Brus -

(va ad aprire la finestra)
MAR.
_selle! Oh! vision fa _ tal! chi quel pal_co riz _
_zò? quei mi_se_ri chi son che da lun_gi io veggio appa _
_ri _ re? Co_spi_ra _ tor! I miei fi _ di es_si
DUCA
(freddamente)
MAR.
(con un grido)
son! A _ me _ lia! A _
ALL°

M
_me _ _lia!
sf
F
(al Duca)
M
Oh ciel!
Che far tu at_ten_ti?
DUCA
Il mio do_
D
_ver. Un do_ver in_fles_si_bile e se_
I. TEMPO.
6
D
_ve_ro!
Il mio quel di servir il
6

Re! il tuo .... il ge_ni_tor d'o_
sf
MAR.
Di lor pie _ tà! di lor di lor pie_
_dia _ _ re!
sf
_tà deh! sia so _ spe_so il cruen _ to sup _pli _ zio!
E dritto hai

D
tu per costor di pre_gar, tu, col_pe_vol com'es_si? di
grazia puoi parlar? Io nulla devo al lo_ro complice, tut_to po_
dolce
LARGHETTO
_trei ad un fi_glio accor_dar, ov' ei lo
chie_da, ov' ei mi chia_mi pa_dre! O ciel!
MAR.

DUCA

ALLEGRO

Quella

MODERATO (♩ = 86)

gen_te che im_plo - ra chie_de in_van la mia mer_

MOD?

_cè!

Sol che tu

rall.

mi chiami pa_dre e l'a_vran_no, sì, l'a_vranno allor per

I. TEMPO (♩ = 66)
MAR. (con disperazione)
D
te
Amelia!
SAND. (guardando dal verone)
Ecco appressan già!
CORO INTERNO
PIÙ VICINO
De-pro-fun-dis ad te cla
De-pro-fun-dis ad te cla
De-pro-fun-dis ad te cla
I. TEMPO (♩ = 66)
M
i fidi miei!
Gran Dio! di
DUCA
Tu non hai che un ac-cen-to a profe-
-ma-vi ad te do-mi-ne.
-ma-vi ad te do-mi-ne.
-ma-vi ad te do-mi-ne.

me! pietà pie _ tà pietà di me! pietà di me.......... O
_ rir e avran a _ vran la mia mercè l'avran per te!
LARGHETTO MOSSO (♩ = 66)
MAR.
sor _ te ria! fa _ tal fa _ tal mar _ to _ ro! strazio u _
DUCA.
Dio, che ac _ ce _ so hai tan _ to af _ fet _ to, pie _
SAND.
E chi d'Al _ ba il no _ me por _ ta può pla _
LARGHETTO MOSSO (♩ = 66)
pp legg: e stacc: l'accomp:

M
-man qual v'ha mai del mi - o mag-gior! ve-
D
-tà conce - di pietà al mio do-lor!
S
-car, può pla-ca-re il suo ri - gor?
M
-de - re spi-rar l'an-giol che a-do - ro o ri-nun-
D
toc - ca il cor al mio di - let - to un fi-glio
S
sul pal-co vil .... sia tut-ta mor - ta la tur-ba

F
-ciar, o rinun - ciar o rinun - ciar .... a tanto a - mor ....
ren - di un figlio al ge - ni - tor .... al ge - ni - tor ....
re - - a dei tra - di - tor .... dei tra - di - tor ....
poco rall.
.... o rinun - ciar a tan - to a - mor, veder spi - rar co - lei che a -
.... un figlio rendi al ge - ni - tor!
.... la turba dei - tra - di - tor!

M
D
S
affrett.
_do _ ro, o ri_nun_ciar a tan_to a _ mor ve_der spi_
al mio di _ let_to toc_ca il cor
la tur _ _ ba dei
affrett.
rall.
_rar co_lei che a_do _ ro! O ri _ nun _
un fi_glio rendi, o cie _ lo! Un fi _ glio o
tra _ _ di _ _ tor!..................... Ah! si dei
cres.
F
rall.

LENTO (♩=66)
_ciar a tanto a_mor
ciel al ge_ni_tor
(guardando ancora dal verone)
tra_di_tor
Essi a_
LENTO (♩=66)
Campana
_van_zan
di qui veg_gio la gio_vi_
De_pro_fun_dis
De_pro_fun_dis
De_pro_fun_dis

M Oh! terror!

S -net - ta con piè fer - mo al pal - co

cla - - - - ma - - vi ad te

cla - - - - ma - - vi ad te

cla - - - - ma - - vi ad te

M Oh ciel! qua - le orror!

a Marcello

D Or ben? or ben?

S vil es - sa sa - le, es - sa

do - - mi - ne ex - au - - di

do - - mi - ne ex - au - - di

do - - mi - ne ex - au - - di

(gettandosi in ginocchio
e stringendogli la mano)
ah! si _ _ gnor o
a piacere
or ben? or ben?
sa _ le fiam _ meg _ gia il fer _ ro!
vo _ _ _ cem me _ am.
vo _ _ _ cem me _ am.
vo _ _ _ cem me _ am.
pa _ dre pa _ dre mi _ o!
O cru _ del tanto l'a _ ma _ vi al _

Fa un cenno a Sandoval che lo trasmette dal verone ai soldati che sono sulla piazza

D

_lor? Il suppli_zio so_

D

_spendasi e quì sien tratti as_siem!..........

ff ff

LARGH.tto MOSSO (♩= 66)

M

Oh sor _ te ria fa _ tal fa _ tal mar _

D

Dio che ac _ ce _ so hai tan _ to af _

S

E chi d'Al _ ba il no _ _ me

LARGH.tto MOSSO

pp pp

_to _ ro! qual stra _ zio u _ ma _ no v'ha di
_fet _ to mer _ cè hai con _ ces _ sa al mi _ _
por _ ta può pla _ car può pla _ ca _ _ re il
que _ sto mag _ gior se per sal _ var
_ _ o do _ lor il cor toc _ ca _ sti al
suo ri _ gor? tut _ ta ca _ der do _

M
co - lei che a - do - ro perduto a - vrò si grande a
D
mi - o di - let - to l'hai reso al - fin a tanto a
S
- ve - va mor - ta la turba vi - le dei tra - di -
M
F
- mor! se per sal - var - la io per - do ahi
calando
D
- mor! un figlio hai re - so hai re - so al -
S
- to - ri sì, ca - de - re do - vea dei
Ped.

_me! sì gran _ de a _ mor lei per sal_
affrett.
_fin a tan_to a _ mor hai re_so al_fin
tra _ di _ tor ca _ _
affrett.
_var io per _ do ahi _ mè! sì
a tan_to a tan_to a _ mor hai
_der do _ _ vea ca _

M
gran - de a - mor
ahi! sì grande a - mor ....
D
re - so al - fin
re-so a tan-to a - mor ....
S
- der dei tra - di - - - tor ....
M
tan - to a - mor ....
D
all' a - mor ....
S
dei tra-di - tor ca - der ....

FINALE TERZO

Le porte del fondo si aprono e compariscono Amelia, Daniele, tutti i Congiurati, Popolo e Soldati. Il Duca e Marcello rimangono a sinistra. Amelia e Sandoval, a dritta.

MARCIA FUNEBRE (♩= 72)

ppp e assai staccato

MARCELLO (tenendosi in disparte)

Di resi_ster, ahi_mè! più for_za o_mai non

M
ho!
Il DUCA
RECᵛᵒ (ad Amelia)
pausa lunga
Tu, che sen - za tre - mar fissa-sti l'empia scure, o fanciulla, perchè vuoi tu miei dì troncar?
D
p

AMELIA

Io figlia son d'Egmont e ven_di_ca _ va il pa _ dre!

(con emozione)

Che? pel pa _ dre tu _ o? Esser dee l'ombra sua sublimemente alte _ ra, se tanto seppe a te ispirar!

LARGHETTO (♩ = 60)

p

string. e cres.

(piano a Marcello)
Il DUCA
Mo_rir costei sape_a...pel ge - ni - to _re... E
fp
D
tu viver pel tuo, crudel, non sai an _ cor!
(appressandosi ad Amelia)
D
E se pietà di tanto errore, or mi tra _ esse a per_ dona _ re?
AME.
No! tu nol dèi per te! ah! no, nol far ah! no, nol
D
Perchè?

far! Il brac_cio non puoi disarmar.................. di mia ven_
_det_ta! Che l'o_dio mi_o, sì l'o_ _dio mio mi
resta, e nulla vuol da te e nulla vuol, ah no, da te!
DUCA
Tu nul_la
FF
de_vi a mia cle_men _za. La grazia tua non vien da
p

D
me; ma da ta_lun che mi uguaglia in po_ten_za e pa_ri
FF
FF
MARCELLO (vivamente a voce bassa)
LENTAMENTE
Padre mio! quel nome non lo dir! deh! fa ch'essa lo i
D
mi_o crea_va il Re!
FPP
M
_gnori, per oggi almen, padre mio, fa che lo ignori, o pa _ dre
affrett.

p
Un sol giorno an_co - ra, o se gra_zia non
fp
AMELIA
(parlando a Daniele al quale si tenne sempre vicina)
Ah si, com_prendo ei dee par_
dai, io m'immolo a tuoi pie!
DUCA
Ah crudel!
RECᵗᵒ
-tir... comprendo! ei de' partir
Egli è a Medinaceli, che
MAR.
Deh! o pa_dre!

(scorgendolo)
A
vita or noi dobbiam
Marcel!
SANDOVAL
(additando Marcello)
No, dav_ver!
gli è a co _ lui!
Per quanto ei
S
chieda nul_la ricusa il Du_ca ed ebbe ognun per lui gra_ziaa tro_
animan . . . do . . . un . . . poco
FF
S
_ var!
ALL° VIVO (=106)
VUOTA
FF

AMELIA
FF
Squar - cia - to è il mi - ste - ro! La
IL DUCA
p
Tra stir - pe ga -
SANDOVAL
p
D'un uom la pre -
DANIELE
FF
Squar - cia - to è il mi - ste - ro! La
FF
Squar - cia - to è il mi - ste - ro! La
CORO di CONGIURATI
FF
Squar - cia - to è il mi - ste - ro! La
F
F
fa - ce del ve - ro il gran vi - tu -
gliar - da e ple - be co - dar - da
- ghie - ra quì do - ve egli im - pe - ra ot -
fa - ce del ve - ro il gran vi - tu -
fa - ce del ve - ro il gran vi - tu -
fa - ce del ve - ro il gran vi - tu -

A
MAR.
-pe - ro al mon - do chia - rì!
Ah! uman pen.
Du
tar - da ad op - - - tar?
S
-tie - ne mer - - - cè!
D'un
Da
-pe - ro al mon - do chia - rì!
-pe - ro al mon - do chia - rì!
-pe - ro al mon - do chia - rì!
Ah! lo sento in se - no
Di spe - me ho il cor
Di spe - me ho il cor

- sie - ro il fatal mi - ste - ro que - sto orri - bil
dei tra un no - bil pa - dre e ple - be rea, co - dar - da
uom la pre - ghie - ra quì dov'e - gli im - pe - ra
il gran vi - tu -
pie - no un gior - no se - re - no, lo sen - to nel
pie - no un gior - no se - re - no, lo sen - to nel

A
Al no - bi - le
M
ve - ro non de' mai sco - prir! Per me d'a - tri
Du
or tu de - vi o - ptar! Un ser - to è quel
S
può ot - te - ner mer - cè In - van ce - la il
Da
- pe - ro al mon - do chia - rì tre - men - do mi
tre - men - do
giorno più se - re - no
se - no per noi sor - ge - rà un
se - no per noi sor - ge - rà un

sguar - do d'ogni uom ga - gliar - do or si ce - li il co -

ve - li son co - per - ti i cie - li pria che alcu - no mi

no - me ch'orna a te le chio - me grande sei sic -

ve - ro, ma qual è il mi - ste - ro che si grande im -

- ste - ro di - sco - pro si il ver il ve - ro

tre - men - do mi - ste - ro di -

mi - ste - ro di - sco - prasi il

per noi sor - ge - re or

dì più se - re - no, io lo sen - to in se - no

dì più se - re - no, io lo sen - to in se - no

A
M
Du
S
Da
_dar _ do che tut _ ti quì tra _ dì! al no _ bi _ le
sve _ li mi sia da _ to mo _ rir! per me d'a _ tri
_ co _ me grande è il so _ lo Re! sei gran _ de sic _
_ pe _ ro sul Du _ ca gli diè? ma qual è il mi _
ah! di _ sco _ pra _ si il ver la
_ sco _ prasi il ve _ _ _ ro
ve _ _ _ _ ro tre _ men _ do
dè! per noi sorge _ rà
sor _ ge _ rà! un
sor _ ge _ rà! un

sguar _ do d'ogni uom ga _ gliar _ do or si ce _ li il co _
ve _ li son co _ per _ ti i cie _ li, pria che al _ cu _ no mi
_ co _ me grande è so _ lo il Re! sì, grande sei sic -
_ ste _ ro che si grande im _ pe _ ro a lui sul Du _ ca
fa _ ce del ver il gran vi _ tu _ pe _ _
tre _ mendo mi _ ste _ ro di _
mi _ ste _ ro di _ sco _ prasi il
ah! sì per noi
dì più se _ re _ no per noi sor _ ger de _ ve, sì
dì più se _ re _ no per noi sor _ ger de _ ve, sì

A — dar - do che po-trà .... tra -

M — sve - li sia da - to a me, sia dato a me ah! .... mo -

Du — co - me gran - de è il so - lo Re! sol il

S — die - - de? sovra il Du - ca

Da — ro al mon - - do chia - ri ah! .... chia -

- sco - pra si il ver ah! il

ver ah! il

or sor - - ger de'! sor - - ger

sor - ge - re de'! ah! .... sì sorger

de - - - ve gior - no più se - ren ah! .... sì sorger

_dir!
(accostandosi ad Amelia)
_rir! A_me_lia! A_me_lia! par_lar a tu degg'
Re!
diè!
rì!
ver!
ver!
de'!
de'!
de'!
FF
A me in qual no_vel_la tra_ma or
i_o!
FF

A
com_pli_ce m'a_vrai?
Giu_sto ciel!
Du
F
Può an_cor e_si_tar
S
Oh! stra_no mi_ste_ro!
Da
Il suo gran vi_tu_pe_ro
Il suo gran vi_tu_per
Il suo gran vi_tu_per
In tal mi_ster
In tal mi_ster
In tal mi_ster
FF
pp smorz.

Che ven_
che dic' el_la?
tra un pa_dre e dei vi_li?
per_chè quell' im_pe_ro?
al mon_do chia_rì!
e_gli al mon_do chia_rì!
e_gli al mon_do chia_rì!
sì sco_pra il ver!
sì sco_pra il ver!
sì sco_pra il ver!
FF
F

A
-du - ta al ti - ran hai la pa - -
-tria, la fè! Lunge or va!
M
Ah! A - melia! M'odi a
fp
f
A
Va! ti sco - sta da me!
M
- cor! A - me - lia! A-
S
Oh! stra - no mi - ster
Da
Squar - cia - to è il mi - ster
f

Va! non più! va! non più!
hai ven-
-me - lia!
m'o-di ancor per pie-tà!
Tra un
Per - chè quell'im-pe - ro?
Per -
Tre - men - do mi-ste - ro!
Si di-
Si di-
Si di
Mi -
Mi -
Mi -
ff

A
M
Du
S
Da
- det - ta al ti - ran
e la
con - vien che a te fa - vel - li!
pa - dre e dei vi - li
Ei più
chè quell' im - pe - ro?
Si di
- sco - pra il ve - ro
Si di
- sco - pra il ve - ro
Si di -
- sco - pra il ve - ro
Si di -
- ster! mi - ster!
Chi ci
- ste - ro! mi - ste - ro!
Chi ci
- ste - ro! mi - ste - ro!
Chi ci

pa - tria e la fè! hai ven -
m'o - - - di an - cor
tar - da a op - ta - re?
- sco - pra il ver!
sco - pra il ver!
- sco - pra il ver!
- sco - pra il ver!
sve - la il ve - ro?
sve - la il ve - ro?
sve - la il ve - ro?

A
_du _ ta al ti _ ran e la pa_ _ _
M
per pietà m'odi ancor per pietà
A
_tria e la fè al ti _ ran la tua
M
A _ me _ lia!
Da
Squar_
Squar_
Squar_

fè! Il gran vi_tu - pe - ro
Fra stir - pe ga - gliar_da e po_po_lo co -
D'un uom la pre - ghie - ra quì do - ve egli im -
_cia _to è il mi - ste - ro! La fa _ ce del ve - ro
_cia _to è il mi - ste - ro! La fa _ ce del ve - ro
_cia _ to è il mi - ste - ro! La fa _ ce del ve - ro
Sì
Sì squar_ci il mi - ste - ro! La fa _ ce del
Sì squar_ci il mi - ste - ro! La fa _ ce del

A
or del ver la fa - ce al mon-do or chia - rì!
M
Du
- dar - do ei tar - da ad o - - - ptar!
S
- pe - ra tro - va mer - - - cè!
Da
del fellon la col - pa al mon - do chia - rì!
del fellon la col - pa al mon - do chia - rì!
del fellon la col - pa al mon - do chia - rì!
squar - - ci il mi - ste - ro! Ah! lo sento in
ve - ro ci de - ve or ri - - schia - rar! Di
ve - ro ci de - ve or ri - - schia - rar! Di

ed amar po - te - a lui che ci tra -

Ah! uman pen - sie - ro il fatal mi - ste - ro

Dee tra un no - bil pa - dre e ple - be rea, co -

La co - stui pre - ghie - ra quì dov' egli im -

La fa - ce del ve - ro chiarì il di - so -

La fa - ce del ve - ro ci chiarì del vi - le

La fa - ce del ve - ro ci chiarì del vi - le

se - no

spe - me ho il cor pie - no, giorno lie - to e se - re - no già lo

spe - me ho il cor pie - no, giorno lie - to e se - re - no già lo

A
M
Du
S
Da
-dì! ed a-mar- -lo po-tea Al
que-sto orri-bil ve - ro mai non dee sco - prir! Per
-dar - da or tu de - vi o - ptar! Un
-pe - ra può ot - te - ner mer-cè! In
-no - re del vi - le chia-rì il di-so-nor tre.
il fatal disonor!
il fatal disonor!
io lo sen - to nel sen giorno più, sè
sen - to nel se - no quì per noi sor-ge - rà!
sen - to nel se - no quì per no-i sor-ge - rà!

no - bi - le sguar - do d'ogni uom ga - gliar - do or si
me d'a - tri ve - li son co - per - ti i cie - li pria che al-
ser - to è quel no - me ch'orna a te le chio - me
- van ce - la il ve - ro ma qual è il mi - ste - ro
- men - do mi - ste - ro di - sco - prasi il ver il
tre - men - do mi - ste - ro
tre - men - do mi - ste - ro di -
più seren per noi sor - ge -
un dì più se - re - no, io lo sen - to in
un dì più se - re - no, io lo sen - to in

A
ce - li il co - dar - do che tut - ti quì tra - di! Al
M
- cu - no mi sve - li mi sia da - to mo - rir! Per
Du
gran - de sei sic - co - me grande è il so - lo Re! Sei
S
che sì grande im - pe - ro sul Du - ca gli diè! Ma
Da
ve - ro ah! di - sco - pra si il ver!
di - sco - prasi il ve - - - ro!
- sco - prasi il ve - - - - ro!
- re or de'! per noi sorge -
se - no sor - - ge - rà!
se - no sor - - ge - rà!

no - bi - le sguar - do d'ogni uom ga - gliar - do or si
me d'a - tri ve - li son co - per - ti i cie - li pria che al-
gran - de sic - co - me grande è il so - lo Re! si
qual e il mi - ste - ro che sì grande im - pe - ro a
la fa - ce del Re il gran vi - tu -
tre - men - do mi - ste - ro
tre - men - do mi - ste - ro di -
rà ah! sì per
un dì più se - re - no per noi sor - ger
un dì più se - re - no per noi sor - ger

A
ce - li il co - dar - do che po - te - - - -
M
- cu - no mi sve - li sia da - to a me, sia da - to a
Du
grande sei sic - co - me gran - de è il so - lo
S
lui sul Du - ca die - - de
Da
- pe - - - ro al mon - - do chia -
dì - sco - prasi il ver
- sco - prasi il ver
noi or sor - - - ger
de - ve, sì, sor - ge - re de'
de - ve, sì, de' sì, gior - no più se -

- a ah! .... tra - dir! ci tra -
me ah! .... mo - rir! oh! mar -
Re! sol .... il Re! ri - pu -
sovra il Du - ca diè! tut - to ei può!
- ri ah! .... chia - ri! ci tra -
ah! .... il ver! ci tra -
ah! .... il ver! ci tra -
de'! sor - ger de'! sor - ger de'! sor - ger
ah! .... sì, sorger de'! sor - ger de'!
- ren ah! .... sì, sorger de'! sor - ger de'!
FF

A
_dì! vi _ tu _ pe _ro! di _ so _ nor! tra _ dì la
M
_tir! oh! mar _ tir! io ti per _ dea, io ti per
Du
_diar ei non può il no _ me mio, il nome e
S
tut _ to ei può! ei tut _ to può sull'uom che i
Da
dì! ter _ ra e ciel sventu _ ra porti al tra _ di _
dì! ter _ ra e ciel sven _ tu _ ra
dì! ter _ ra e ciel sven _ tu _ ra
sor _ ger de _ ve
de' dì più bel _ lo un dì più
dì più bel un dì più
dì più bel un dì più

fè, la fè l'a - - mor!
- dea, mi - o sol a - - mor! o ....
- gli è d'un ge - - ni - - tor! ri - pudiar
- spi - - ra a o - - gnun ter - - ror! tutto ei può
- tor al tra - - di - - tor! terra e ciel
por - - ta al tra - - di - - tor! terra e ciel
por - - ta al tra - - di - - tor! terra e ciel
bel pei no - - stri a - mor! sorger
bel pei no - stri cuo - - ri!
bel pei no - stri cuo - - ri!
Ped.
Ped.
Ped.
Ped.

A
ci........................ tra - di
M
.... mio ben! per - du - to per -
Du
non puote ah! ei non mi può! ri - pudiar
S
sì puote so - vra chi tut - to può! e gli sol
Da
tra - di - tor! ah! sì tra - di - tor
al tra - di - tor! ah! .... terra e ciel
al tra - di - tor! ah! .... terra e ciel
de' dì se - ren pei nostri a - mor sor - ger de' di più
sorger de' sor - ger de'
sorger de' sor - ger de'

ci .... tra - dì! ci tra -
- du - to io l'ho oh do - lor! oh mar -
non puo - te no! il ge - ni - - tor no! ....
sul Du - ca e - gli sol tut - to può! tut - to
ah! sven - tu - ra sì, sven - tu - ra
sì, terra e ciel ah! sì, sven - tu - ra
sì, terra e ciel ah! sì, sven - tu - ra
bel sorger de' un dì più bel pei nostri cor! sor - ger
dì più bel un dì più bel pei nostri cor! sor - ger
dì più bel un dì più bel pei nostri cor! sor - ger

A
M
Du
S
Da
_dì che noi tut_ti ci tra_dì tra_dì la pa_ _
_tir! questo a_mor per_du_to io l'ho, per sempre ahimè!
.... non può rin_ne_gar non può
tut _ to ei può tut_to tut _ to ei può
porti al tra_di _ tor, sven_tu_ra por_ti al tra_di _ tor
porti al tra_di _ tor, sven_tu_ra por_ti al tra_di _ tor
porti al tra_di _ tor, sven_tu_ra por_ti al tra_di _ tor
de' un dì più bel per noi sor_ge_re, sì, sor_ _ _
de' un dì più bel per noi sor_ge_re, sì, sor_ _ _
de' un dì più bel per noi sor_ge_re, sì, sor_ _
sempre FF

(Amelia si allontana coi congiurati, senza volgere un sguardo a Marc. il quale si getta tra le braccia del padre)
- - tria .... tra - di
si per - du - - - to l'ho
no, non può non .... può
so - lo sol .... ei .... può
por - ti al tra - - - di - tor
por - ti al tra - - - di - tor
por - ti al tra - - - di - tor
- ger per noi .... più .... bel
- ger per noi .... più .... bel
- ger per noi .... più .... bel

Ped.

SCENA e ROMANZA

„Angelo casto e bel"

(PER TENORE)

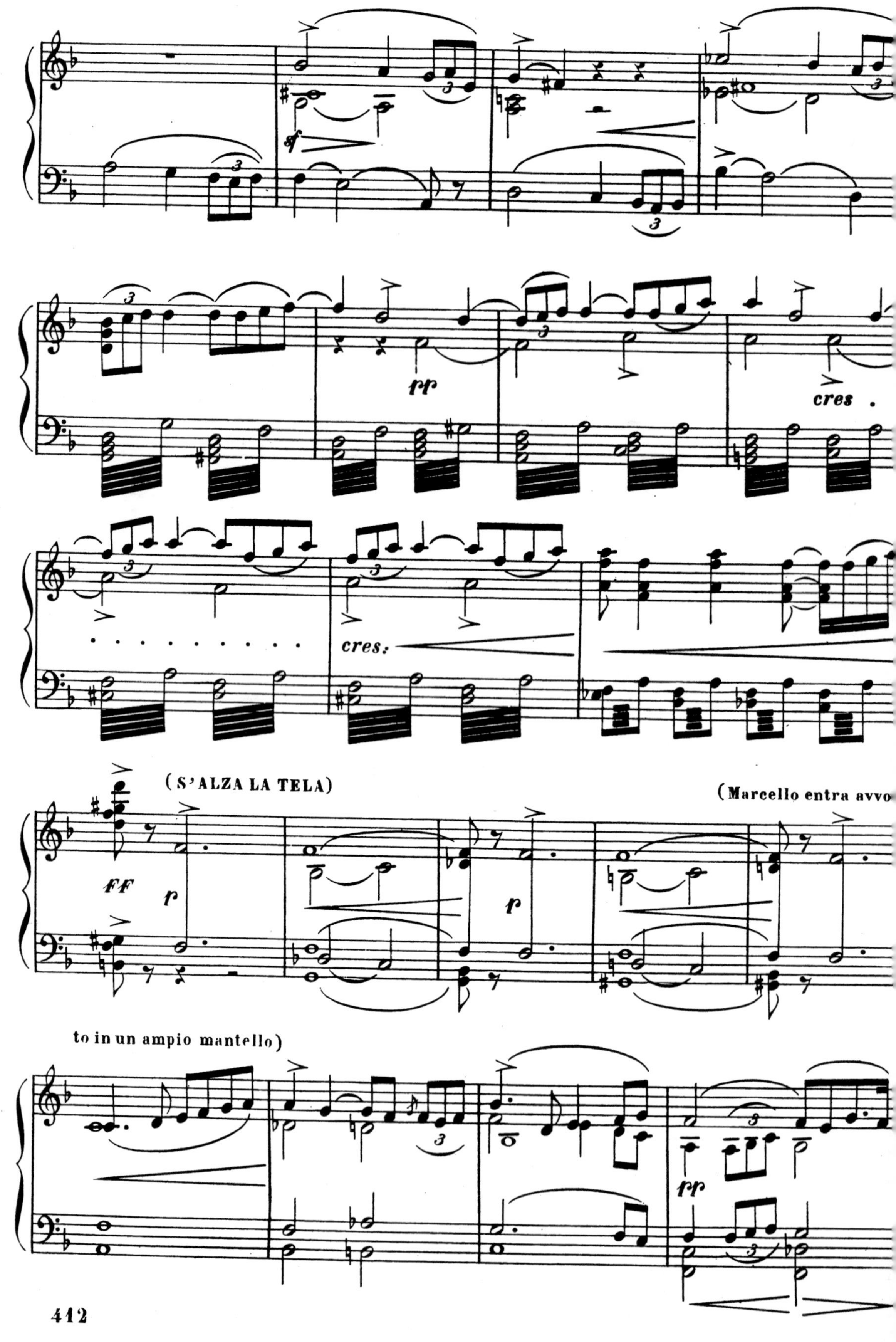

cres
cres:
(S'ALZA LA TELA)
(Marcello entra avvo
to in un ampio mantello)

MARCELLO
I_nosserva_to, pene_tra_va in questo sacro re_ces_so, asil so_li_
REC.vo
pp
r
_tario consacrato alle lagrime! Quì mo_ve ogni sera apre_
r
con espress:
_gar pel pa_dre suo! l'attende_rò,

(si guarda intorno con rispetto e s'inchina davanti al quadro sovvrapost
M
la rivedrò!
all'inginocchiatojo)
AND.te SOSTENUTO (♩ = 56)
An_ge_lo ca_sto e bel non turbi un so_lo
pp
vel di af_fanno o di ter_ror................ ah! no, di que_sta ca_ra i
cor pie_to_so al mio pre_gar.................. deh pos_sa Iddio ser_
pp

con passione
-bar................ a lei le gioje, a mei do - lor........... a lei le gio - je a me i do -
- lor! Ma se proscrit - to e re - o mi manca il tuo so -
pp
- spi - ro la mia memo - ria A - me - lia almen non ma - le -
opp

M
-dir la mia memo-ria A-me-lia almen non ma-le
rr
M
-dir la vo-ce mi-a mo-ren-do ancor non può che dir.....
M
An-ge-lo ca-sto e bel non tur-bi un so-lo
rr

vel d'af - fan - no e di ter - ror.......................... di questa
ca - - ra il co-re pietoso al mio pre-gar.... deh possa Iddio ser-
animando
animando
-bar a lei le gio - je a me i do - lor a lei le
col canto

M
gio - je a mei do - lor deh ser - bia lei le
pp
M
gio - je a mei do - lor a lei le
M
gio - je a mei do - lor
pp
ppp
Ped.

No! d'orror il tuo sen più non frema

(Per SOP. e TEN.)

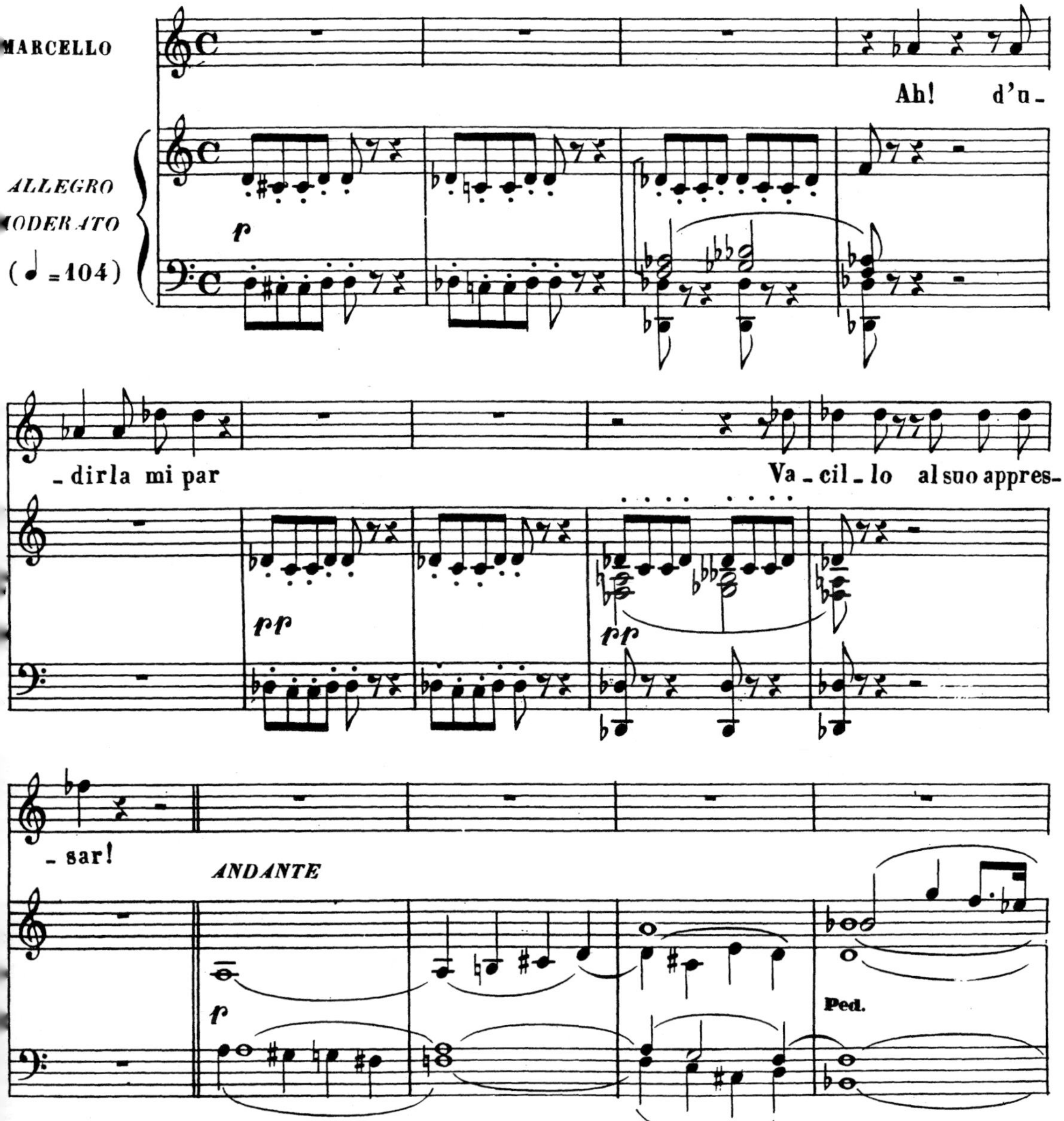

MARCELLO

ALLEGRO MODERATO (♩ = 104)

p

Ah! d'u-dirla mi par

pp

pp

Va-cil-lo al suo appres-sar!

ANDANTE

p

Ped.

AMELIA (Entra vivamente, e scorge Marcello)
ALLEGRO
Oh ciel!
(♩ =116)
MODERATO
allarg.
FF
p
p
A
Si ge - la il sangue di sgo - mento d'or - ror!
A
Al mio co - spetto appar quel vil, quel tradi - tor
FF
MARCELLO (cadendo in ginocchio)
(𝅗𝅥. = 72) ALL° AGITATO
Ascol - ta!
ascol - ta!
FF
Ped.

AME.
MAR. (molto agitato)
Vi - - le!
No! d'or - ror il tuo sen più non fre - - - ma, cedi, o
Ped.
p
don - na, a co - tan - to so - spir!
o una
calando
gra - zia m'ac - cor - - da, l'e - stre - - - ma! a tuoi
rall.
fp

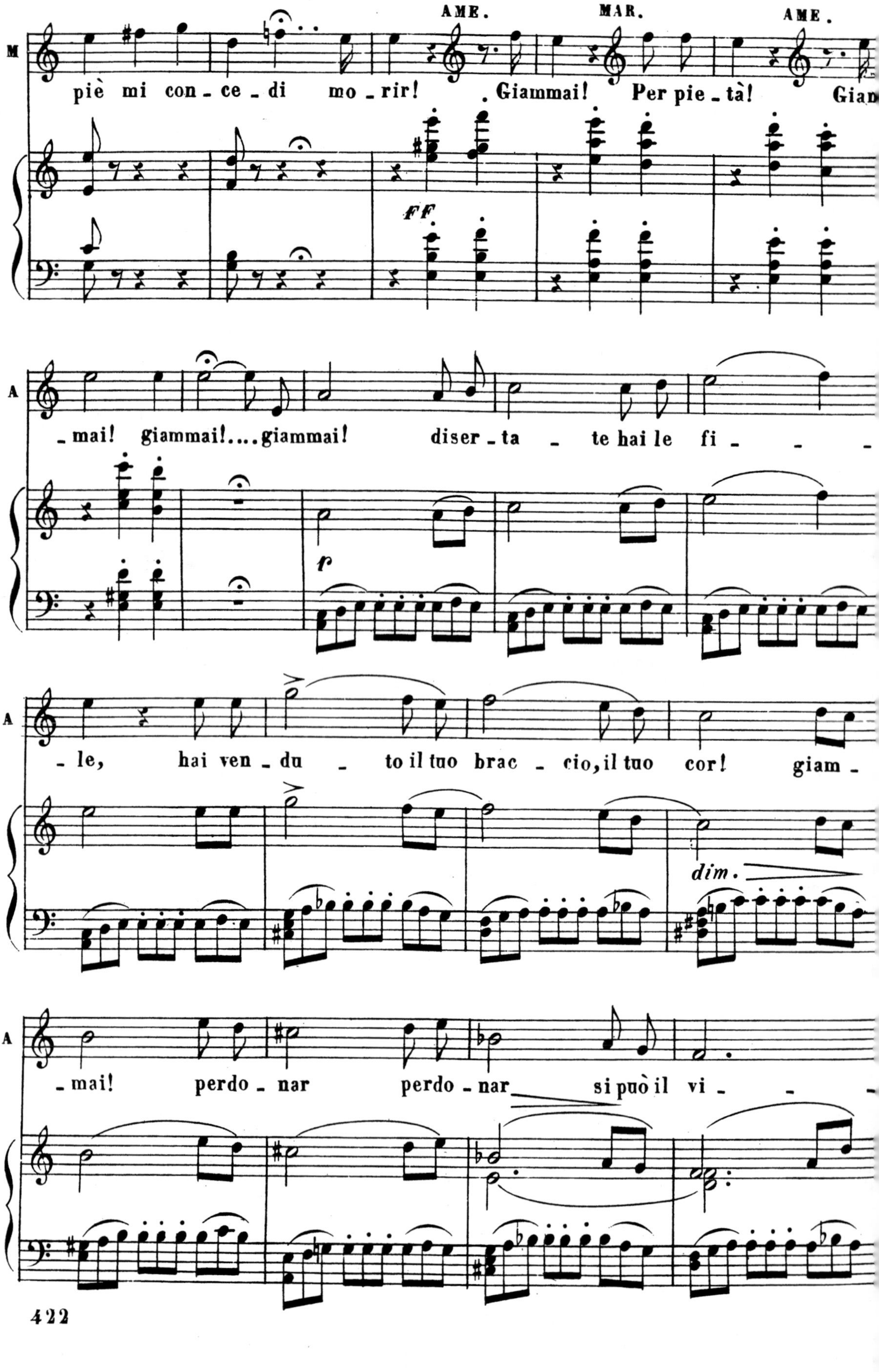

AME. MAR. AME.

M piè mi con _ ce _ di mo _ rir! . Giammai! Per pie _ tà! Gian

FF

A _ mai! giammai!.... giammai! diser _ ta _ te hai le fi _ _ _

P

A _ le, hai ven _ du _ to il tuo brac _ cio, il tuo cor! giam _

dim.

A _ mai! perdo _ nar perdo _ nar si può il vi _ _ _

- le ma non co - lu - i che tra - di - va l'o - nor! giam -
FF
- mai! giammai! giammai!
MAR. (rialzandosi in preda alla massima commozione)
No! non son io col - pe - vo -
- le ne attesto Id - dio Si - gnor,

M
ei che cre - ò quest' a - ni - ma ei che ci-
M
leg - ge in cor.................................... ei che ci leg - ge in
AME.
M
cor Ah! del tu - o ri - mor - so il fre - mi - to ac -
A
- cu - sa, ac - cu - sa il tuo fal - lir! O A - melia, non so - no, non
MAR.
fz
p
p

AME.
Del ri _ mor_so il fre _ mi _ to
son col _ pe _ vo _ le ne at_te sto Id _ dio Si _
acusa il tu _ o fal _ lir
_ gnor ei che cre _ ò quest' al _ _
Ped.
tu tre_mi, o
_ ma ei che ci leg_ge in cor no!
F
F

A
vi - le in - nan - - te a un Nu - - -
M
no! lo giu - -
A
- me ul - - - tor in - nan - te a un Dio ven -
M
- ro! per lui che leg - ge in
FF
A
- di - - - ca - - - -
M
o - - - gni

-tor!
cor!
Deh! il
con calore
credi a te lo giuro per Egmont, per tuo pa-dre che innocente io
Tu?..
son Ma per noi, ma per te... deh! non m'interro-gar su questo reo mi-
p

M
-stero! obbliam quanto fu, fuggiam lungi di quà!.. del tuo tiran, del
M
mio, l'infa-me possa io sfi-do! Rinuncio a un grado, a un nome, ad o-gni
AME.
(commossa e perples
M
fè! per ven-di-carti a te a te sa-rò sol fi-do
Mar-
A
-cel, che a-scolto! e che di tu?
M
Fuggiam!
sf
sf
F

MAR.
MARZIALE (♩ = 100)
Di Fiandra igno - to
fi - glio, u - mi - le ven - tu - rier,
al fian - co tuo
saprò o mia fe - del com -
- pa - - gna,
tra i pro - di mi - li -
F
p
F p

M
-tar che pu - gnan contro a Spa - - - gna,
M
ed han d'Oran - - ge a du - ce il no - bi-le guer-
AME. (dubbiosa, guardandolo)
Se fosse ver?
M
-rier! Sì! di Fiandra igno - to

(alzando gli occhi al cielo)
Ah! tu gui - da - mi, o pa - dre di' s'ei
fi - glio, u - mi - le ven - tu - rier, al fian - co tuo sa -
mer - ti mia fè!
- prò o mia fedel com - pa - - - -
vien! ah vien! la vo - ce tua m'i -
- gna tra i pro - di mi - li -
smorz.

A
_spi _ ri soc _ cor _ _ ri, o pa _ dre, a
M
_tar che pu_gnan con_tro a Spa _ _ gna
A
me! soccor_ri a me, o pa _ _ _
M
ed han d'Oran _ _ ge a Du _ ce il no _ bi_le guer_
mf
A
_dre, o pa _ dre mio, o pa _ dre mio soccor _ _ ri a
M
_rier deh! cre_di a
FF

(a Marcello)
me! Se narra - sti a me il ver, d'Amelia ancor nel
me! RECIT.
core quel che tu fosti ritor - nar puoi tu!
(con ebbrezza)
In me ri - de - sti il ce - lestial ar -
(sottovoce)
Il ti -
- dore, parla! non fia che a me più manchi u - na vir - tù!
ALL° (♩ = 120)

A
-ran, che di duol co - priva il suol..... ma - ter - no,
col canto
A
pel suo li - do na - tal le ve-le scio-glie - rà,
A
La Spagna lo ri - chiama e dei po-poli a scherno, il regno suo per
ALLEGRO
(Grave)
A
pe - na a-vrà l'impu - ni - tà! no! no! Dio non lo
p

vuol! pen_sarlo è basso ol_trag - gio!

FF

MARZIALE (♩ = 100)

V'han pet_ti in ter_ra an_

p

_cor, in cui subli_me, ar_den - - _te

d'ogni viltà sdegnoso è il pal_pi_to del

A
cor
La for - za sol di -
A
- fet - to può far al lor co - rag - - - gio!
A
poi - chè brac - cio vi - ril sol può un se - - no squar
A
MAR. - ciar!
(con raccapriccio)
V'han pet - ti in ter - ra an -
Ciel! ciel!

cor in cui su_bli_me, ar_dente, d'ogni viltà sde_
r
_gno_so è il pal_pito del cor del cor!
MAR.
Oh ciel! oh
f
la forza sol di_fetto può far al lor co_rag_ _gio
ciel!
f smorz.
p

A
poichè brac_cio vi_ril sol può un se_no squarciar sol può un sen
mf
A
sol può un se_no squarciar!
RECIT.
Tu tremi di_già?
MAR.
Chi?
FF
AME.
M
io?
Giuri non vo'!
ch'ei mora e credo:
A
te ch'ei mora e a te per_do - no!
MAR.
Che mai di'

AME. (fissandolo)
tu? ahi - mè! D'or - ror or tu tra -
MAR. (volgendosi altrove)
AME.
- sa - li? Sì, sì, Nol poss' io, non lo vo'! Ten
(𝅗𝅥 =92)
ALLEGRO
va!
ten va!
FF
MAR.
Dal la - bro tuo tre - man - te io
pp

M

pen - do, ch'ei m'a - pra at - ten - do

p

M

l'in - fer - no, o il ciel! .... Fa - to fu

M

- ne - sto, io ti de - te - sto!

M

Sii ma - le - det - to gior - no cru -

_del! sii ma_le_det_to..........................
AME.
Ten va! ten va! da me ten
.... de_stin cru_del!
ppp
va! più non rispon_ _ _do ten va da
pp
me ten va lon_tan! son sola al mon_ _ _do

A
ten va! ten va lontan da me lo vuole il ciel!
Ah!
MAR. (con desolazione)
Ah! tu non sai... o
Un uom non è chi a spezzar - lo non
M
- sta - co - lo fa - tal...
Fra

val!
Il ciel............................
noi,
fra
noi
l'infer _ no
sta!
.... ti as _ si _ ste _ rà!
Sì, Dio mi
gui _ da
Id _ dio m'i _ spi _ ra
tr

A
tuo malgra - do... sta_not - - te il mio pu - gnal
A
il ti_ran col_pi - rà! Mio pa - - - dre! Ah!
MAR.
AME. getta u
FF
grido,
M
Or ben! or noto è a te l'orrendo ar_can
pp
AME.
Che? quel ti - ran, quell'in_fame di'tu il

ver? L'in_fer _ no ci se_pa _ ra ahi_
E mio pa_dre!
_mè! ahi _ mè! il ge_ni_tor tu
ser _ _vi il mio.......... vo' ven_di_car!
I.º TEMPO ALL.º
Qual rea pa_
F
pp

A
ten va! ten va! Dio ci se
M
-ro - la hai pro - nun - zia - to!
p
A
-pa - ra spez - zata è l'a - ra dei nostri a
M
Tu m'hai ru - ba - to per sem-pre il
p
A
-mor! ten va! ten va
M
ciel giorno - no fu - ne - - sto io

fiam - ma fu - ne - sta
ti de - - te - sto! sii ma - le -
che il cor de - te - sta sii ma - le -
- det - to fa - to cru - del
- det - to, o dì cru - del!
giorno - no fu - ne - - sto sii ma - le -

A
-det - - to, o dì sii ma - le - det - to,o dì cru -
M
-det - - to sii ma - le - det - to,o dì cru -
cres.
A
-del, o dì cru - del! sii ma - le
M
-del, o dì cru - del! sii ma - le
FF
FF
A
-det - to o dì cru - del sii ma - le - det - - -
M
-det - to o dì cru - de - le sii ma - le -

_to
o dì o dì cru_del
_det - - - to o dì cru_del
FF
FF
FF

Coro di Marinai e Soldati

Il Porto d'Anversa sulle rive della Schelda. - La flotta spagnuola che deve condurre il Duca d'Alba sta per mettere alla vela. Il vascello ammiraglio è sulla destra. Il porto è coperto di marinai e soldati i quali stanno facendo i preparativi dell'imbarco.

ve - - - le............
- - - - le............
brillante
p
Qual va - ga fan - ciul - la la
Qual va - ga fan - ciul - la la
na - ve si cul - la si cul-la nel lim - pi - do
na - ve si cul - la si cul-la nel lim - pi - do

mar la na - ve si cul - la nel lim - pi - do mar
mar la na - ve si cul - la nel lim - pi - do mar
SOP. soli
Al sol che tra - mon - ta si le - va si le - va la
SOP.
brez - za dei for - ti è l'eb - brez - za in
TEN.
dei for - ti è l'eb - brez - za tor - nar in

pa - tria tor - nar sì dei for - ti è l'eb -
pa - tria tor - nar sì dei for - ti è l'eb -
brez - za è l'eb - brez - za in pa - tria tornar
brez - za è l'eb - brez - za in pa - tria tornar
SOLDATI soli BASSI 1.i
con energia
A chi vien dal - la
FF

guer - ra oltre mon - ti oltre ma-re ol-tre
mon - ti ol - tre mar la ma - ter - na sua
pp
ter - ra quanto è bel - lo è bel - lo il ri-mi-rar la sua
ter - ra quanto è bel - la il ri-mi - rar

SOP.
Perso in mezzo de_gli uli_vi non lo ve - di spun-
TEN.
Per - so in mezzo de_gli uli_vi non lo ve - di spuntar ah!............ d'Anda_lu_sia sui clivi nol vedi
tar ah!............ d'Anda_lu_sia sui clivi nol vedi
il na_ti_o ca_so - lar il na-
il na_ti_o ca_so - lar il na-
BASSI
d'An_da - lu - sia sui cli - vi il na-
ff

- ti - o ca - so - lar non lo ve - di spuntar
- ti - o ca - so - lar non lo ve - di spuntar
- ti - o ca - so - lar non lo ve - di spuntar
non lo ve - di tu spu
il nati - vo ca - solar nol ve - di tu spun -
non lo ve - di spun
il nati - vo ca - solar nol ve - di tu spun -
il nati - vo ca - solar nol ve - di nol ve - di spun

- tar
- tar Perso in mez - zo agli u - li - vi perso in mezzo
- tar
- tar Perso in mez - zo agli u - li - vi perso in mezzo
- tar Perso in mez - zo agli u - li - vi perso in mezzo
ff
il na - ti - vo caso - lar?
il na - ti - vo caso - lar?
il na - ti - vo caso - lar?
p

mf
bril - la al par d'u - na stel - la
bril - la al par bril - la al par d'u - na stella
bril - la al par d'u - na stel - la
l'onda ful - gi - da e bel - la vie - ni il mar t'ap-
l'onda ful - gi - da e bel - la vie - ni il mar t'ap-
l'onda ful - gi - da e bel - la vie - ni il mar t'ap-

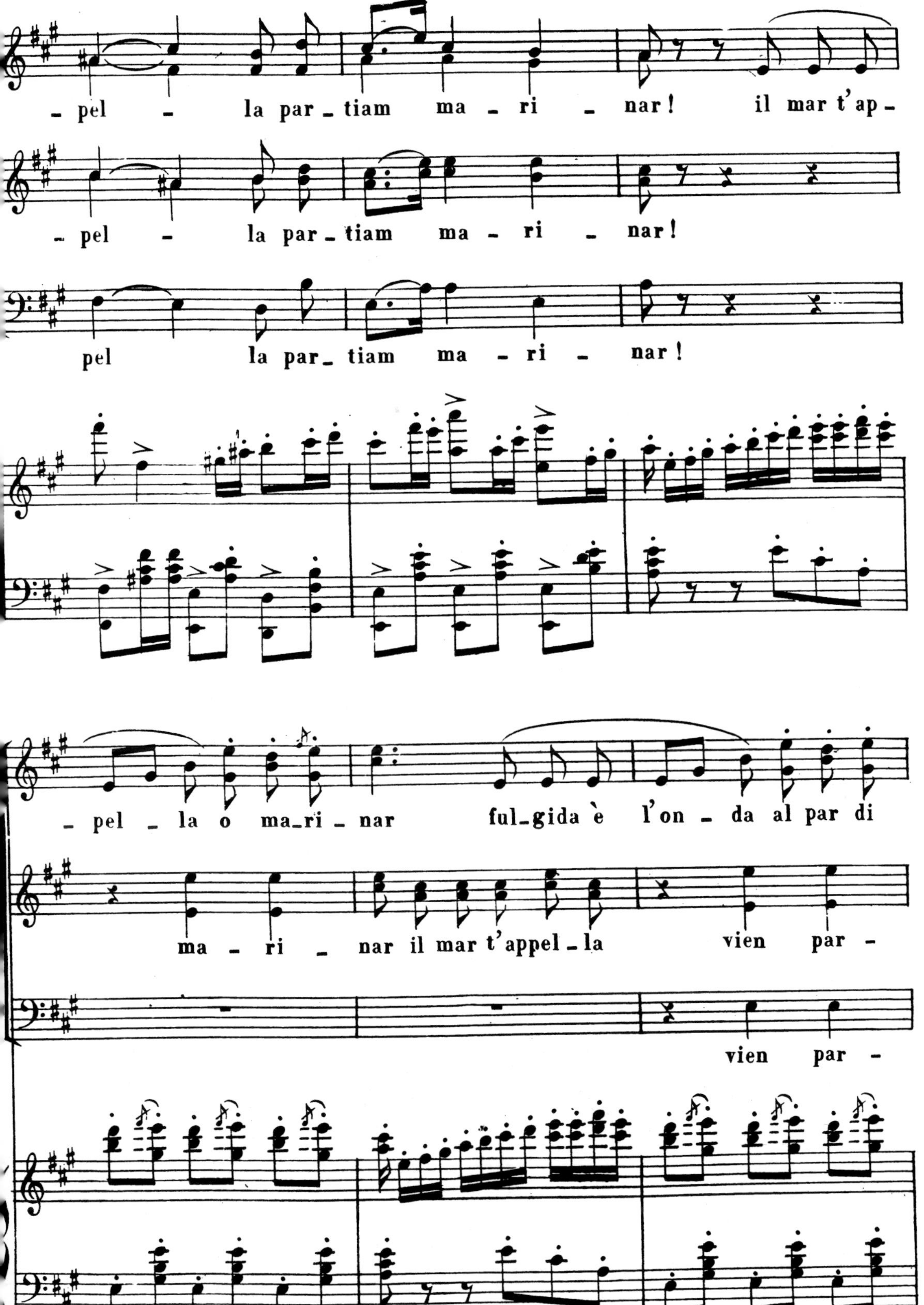
- pel - la par - tiam ma - ri - nar! il mar t'ap -
- pel - la par - tiam ma - ri - nar!
pel la par - tiam ma - ri - nar!
- pel - la o ma - ri - nar ful - gida è l'on - da al par di
ma - ri - nar il mar t'appel - la vien par -
vien par -

stel - la il mar t'ap - pel - la o ma - ri - nar il mar t'ap
tia - mo il mar t'ap - pel - la o ma - ri - nar il mar t'ap-
tia - mo il mar t'ap - pel - la o ma - ri - nar il mar t'ap
- pel - la o ma - ri - nar è l'onda bel - la par - tiam l'onda è
- pel - la o ma - ri - nar è l'onda bel - la par - tiam l'onda è
- pel - la o ma - ri - nar è l'onda bel - la par - tiam l'onda è

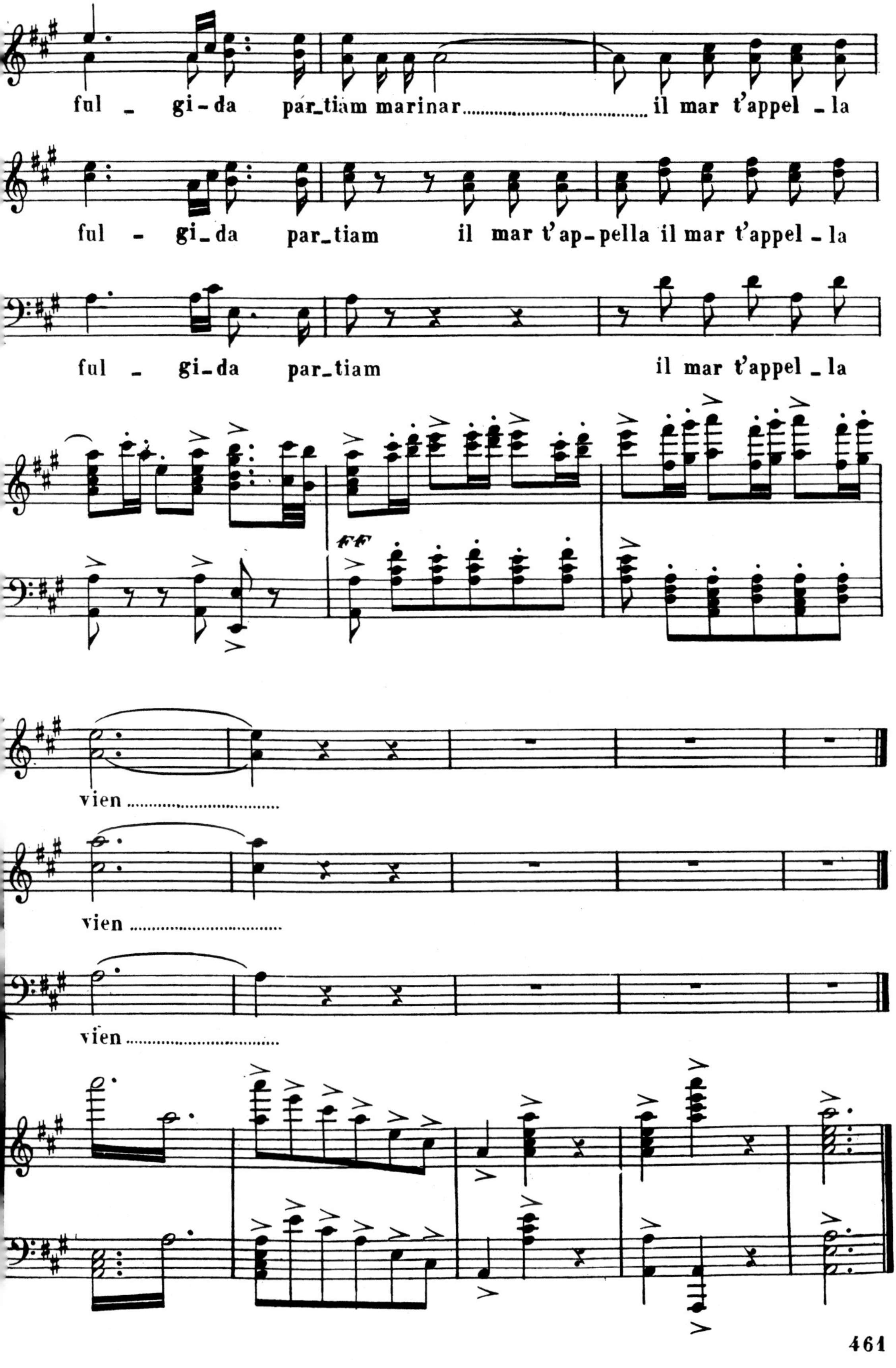

ful - gi-da par_tiam marinar..................................... il mar t'appel - la

ful - gi_da par_tiam il mar t'ap-pella il mar t'appel - la

ful - gi_da par_tiam il mar t'appel - la

ff

vien ....

vien ....

vien ....

MARCIA ed INNO

Durante questi squilli i Marinai vanno correndo sui loro vascelli, i Soldati si schierano in fondo al molo.

Entrano gli Albanesi
ASSAI. MAEST.º MARZIALE (♩=52)
f
I Magistrati e Notabili della città.
dolce
f

mf
Gli Archibugieri Uffiziali ed Araldi

FF

Preceduto da Paggi, entra il Duca che s'appoggia al braccio di Marcello ed ha al suo

Sop. 1ª e 2ª

Onor a lu-i no-bil campione no - - bil cam-

Tenori ALLERO (♩=120)

Onor a lu-i no-bil campione no - - bil cam-

Bassi 1ª

Onor a lu-i no-bil campione no - - bil cam-

Trombe sul palco

ALLERO (♩=120)

fianco il Duca di Medina-Celi. Al suo comparire i vascelli issano le bandiere,
-pion del-la glo-ria spa-gnuo - la o - nor al no-bil cam
-pion del-la glo-ria spa-gnuo - la o-nor al no-bil cam
-pion del-la glo-ria spa-gnuo - la o - nor al no-bil cam
l'artiglieria le saluta. Chiudono il corteggio le Guardie Vallone. Il popolo fiammingo
-pion .... o - nor .... l'a - - ste in -
-pion .... o - nor .... l'a - - ste in -
-pion .... o - nor .... l'a - - ste in -

sta in disparte.
_nan_zi a lu_i si debbon si debbon curvar onor.......
_nan_zi a lu_i si debbon si debbon curvar onor.......
_nan_zi a lu_i si debbon si debbon curvar onor.......
sempre FF
.... al no_bil cam_pion ....
.... al no_bil cam_pion ....
.... al no_bil cam_pion ....
FFF

REC^VO ed ARIOSO

Addio conquistata mia terra

(Per Bar.

_dio conquista _ ta mia ter _ ra e voi che sep _ pi alfin do _
_mar o spal_di, ad _ dio, su cui, segnal di
guer _ _ ra, sventolan l'a _ ste ch'eb _ bi a con _ qui _
_ star! ignoti a me fur i tre _ pidi al _ lar _ mi volli il de _
cres.
rall.
smorz.
rall.

D
_stin a'miei fi _ ni fe_del e arri_se ognor la vitto_ria a nos
ar _ mi, ad at_te_star che con noi sta_va il ciel! ah! ad_
_dio conquista _ ta mia ter _ ra e voi che sep _ pi alfin do_
_mar o spal_di,ad_dio, su cui segnal di

rall.
guer - - ra sven_to_lan l'a - ste ch'eb - bi a con - qui -
F smorz.
f rall.
_star, addio, addio, o for _ ti spaldi, o po_pol
sf
sf
fier! da voi partir or de _ ve il gran guer -
sf
sf

Finale ultimo

„Con le tue labbra sfiorami„

(per S. T. e Bar.)

(sottovoce a Daniele)
Ah! nol poss'io!... tal
_mer! vol_gi lo sguardo a me!
vi_sta fa va_cil _lar il mio braccio e il mio
Lentamente
(inchinandosi)
cor! Pria che tu parta imploro a te un fa_vor: in no_me del_le
Par_la!

A
Fian_dre venu_ta a te son i _ o lor vo_ti ad ap_por_
(traendo di sotto le vesti un pugnale per ferire il Duca)
A
_tar...
Questi son!
Marcello, il quale osservava inosservato Amelia fino dal suo giungere in scena, s'accosta al Duca nel momento in cui essa alza il pugnale, egli si slancia rapidamente tra essa e il Duca, e riceve il colpo che gli era destinato
(stendendole la mano per rialzarla)
IL DUCA
MARCELLO
Qua_li son!
ALL°.
Mio Pa_dre!
FF
AMEL.
(grido straziante, lascia cadere il pugnale e cade fra le braccia di Daniele)
Ah!
MAR.
Recit.
(stringendo il figlio fra le sue braccia)
Il mio do_
IL DUCA
Che face_sti?

-ver! il ge-nitor di - fe-si co-stei.......... lo ven - di -
(al Duca additando Amelia)
-cò! a quest'an-giol per - do - na! in lei perdoni a
me!
(sostenendo il figlio)
Il DUCA
Ah! lo giu - ro al Si -

(Amelia si avvicina a Marcello il quale la guarda con tenerezza)
MARC.
ANDANTE SOSTº
(♩=60)
Con le tue lab_bra sfio _ ra _ mi
_gnor!
delicato
l'accompagnamento
ca _ ra adora_ta il vi _ so perdon mi dà se ahi!
mi _ se _ ro da te.......... mi volli uc _ ci _ so
IL DUCA
DANIELE
(additando il Duca)
sottovoce
O figlio
Sia maledet _ to

Il DUCA
mi - o o fi - glio mi - o deh! non mo -
DAN.
che il suol fiammin - go insan - gui - nò
FIAMMINGHI
sottovoce
Sia ma - le - det - to
AMELIA
Ah! non sarà il tuo
MARCELLO
Ah! tu non dir col - pe - vole
Il DUCA
- rire deh! non mori - re an - cor trop - po pu -
FIAMM.
Il ciel chè giu - sto

AMEL.
ce - ne - re gelido fatto an-cor che
MARC.
chi m'ha trafitto il cor ba - sti o padre una sol
Il DUCA
-ni - sce Iddi - o il pater - no er - ro - re punisce Id -
DAN.
giu - sto il
Donne del popolo, contralti
Il ciel ch'è giu - sto
FIAMMINGHI
Il ciel ch'è giu - sto
Soprani 1.i e 2.i
SPAGNUOLI
Tenori
(sul vascello)
Scioglie-te le ve - le le
Bassi
Le

sul .... recen_te tu_mu_lo m'uc_ci_derà il do_
ba_sti u_na sol vit_ti_ma dell' a_
_di_o in te il .... paterno error .... ah!
ciel ch'è giu_sto lo ful_minò
_fet_to
lo ful_minò nell' af_fet_to
nel so_lo af_fet_to ch'uom l'ha re_
ve_le
ve_le
sf
3

A
M
II D
D
lor
m'ucciderà
ah!.......... m'uccide
mor
ba - sti ba - sti u-na vittima
troppo puni - sce Id-di - o il fata - le er-ror il mio fa
nel solo affet - to ch'uom l'ha re - so il ciel ch'è
il ciel ch'è
so
il ciel ch'è
animando

_ra il dolor ah! sul tuo tu_mu _ lo m'uc_ci_de
al mio fi_glia _ le a _ mor al
_ta _ _ le er _ _ ror
giu _ sto lo ful _ mi _ nò il ciel ch'è
giu _ _ sto lo ful _ _ mi _ _
giu _ sto lo ful _ mi _ nò ful _ mi _

A
_ra il do _ lor
con sforzo supremo si scioglie dal
braccia del padre e cadendo tra qu
le di Amelia
M
mio fi_glia _ le a _ mor.
Guardami an
Il D
il mio fa_ta _ le er _ ror
D
giu _ sto lo ful _ mi _ nò
_no.
_nò.
MAR.
_cor! strin_gimi! mancar...

AME.
(si getta sul suo corpo)
Ah!
(muore)
MARC.
mi sento...
Il DUCA
(mettendogli una mano sul core)
Fatto è di gelo il suo mi_sero
col canto
Timpani
cor.
(Si allontana e sale il ponte mobile del naviglio ammiraglio)
Spagnuoli
Sciogli_e te le ve_le
PIÙ MOSSO (♩ = 100)
Ter_ra e_secra_
scio_glie_te le ve_le
cres.

A

M

(Squilli di trombe e urrà di marinai)

II D

- - - ta

D

È la man del Signor ....

È la man del Signor ....

FIAMMINGHI

È la man del Signor ....

È la man del Signor ....

SPAGNUOLI

Onor al

Onor al

Onor al

cres.

ff

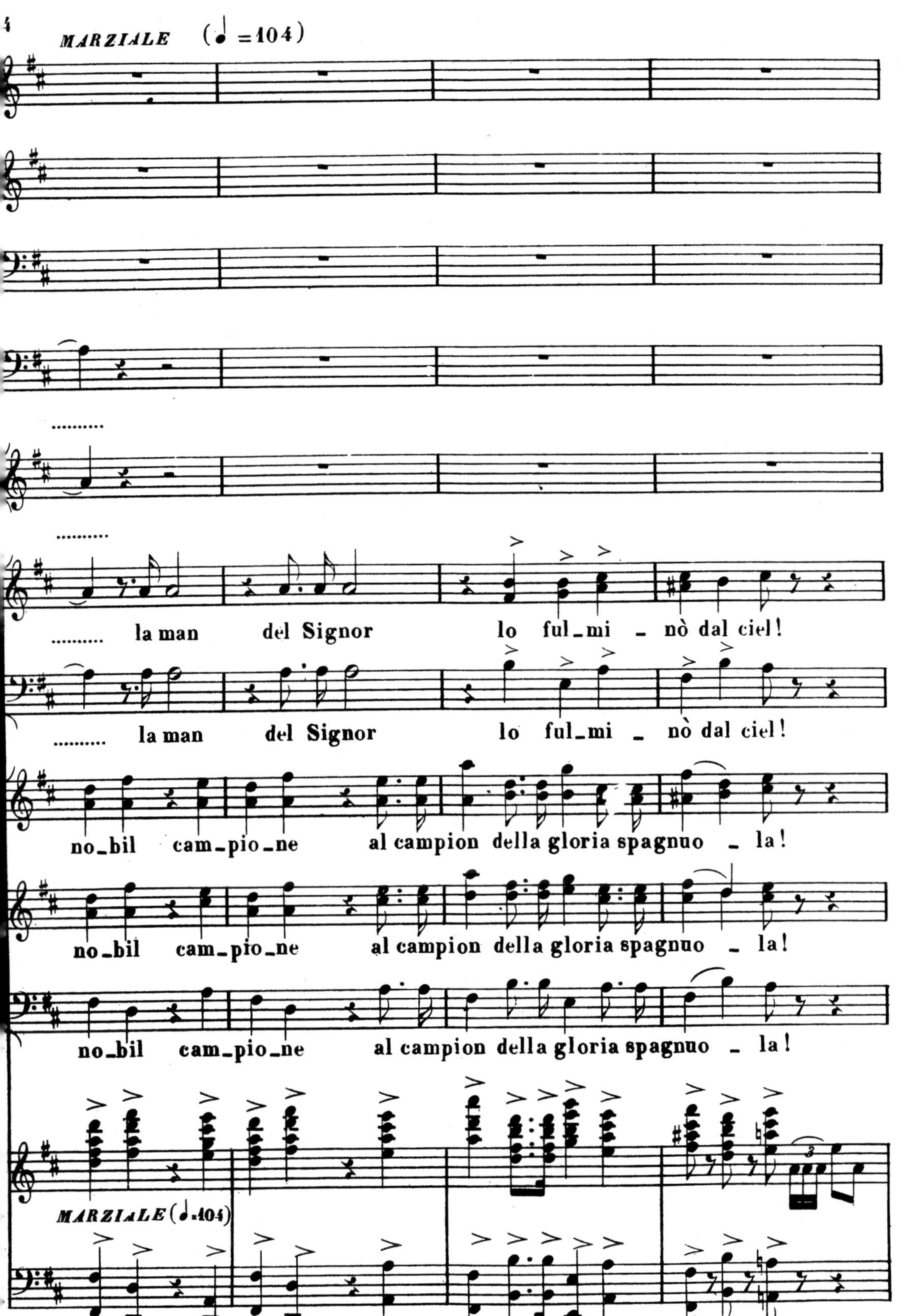
4
MARZIALE (♩=104)
....
....
.... la man del Signor lo ful_mi _ nò dal ciel!
.... la man del Signor lo ful_mi _ nò dal ciel!
no_bil cam_pio_ne al campion della gloria spagnuo _ la!
no_bil cam_pio_ne al campion della gloria spagnuo _ la!
no_bil cam_pio_ne al campion della gloria spagnuo _ la!
MARZIALE (♩=104)
3

A

M

II
D

D

la man del Signor lo ful _ mi _

la man del Signor lo ful _ mi _

l'a _ ste anzi a lu _ i si deb _ bon si deb _ bon cur _

l'a _ ste anzi a lu _ i si deb _ bon si deb _ bon cur _

l'a _ ste anzi a lu _ i si deb _ bon si deb _ bon cur _

POCO PIÙ
Il naviglio si muove, e cala la tela.
no lo ful _ mi _ nò .... dal ciel ....
no lo ful _ mi _ nò .... dal ciel ....
_var onor a lu _ i onor ....
_var onor a lu _ i onor ....
_var onor a lu _ i onor ....
POCO PIÙ
FFF
FFF
secca